现代公路工程技术与绿色施工研究

薛飞　邵兴伟　沈简◎著

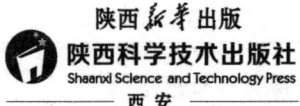

图书在版编目（CIP）数据

现代公路工程技术与绿色施工研究 / 薛飞，邵兴伟，沈简著. —西安：陕西科学技术出版社，2023.5
ISBN 978-7-5369-8704-3

Ⅰ.①现… Ⅱ.①薛…②邵…③沈… Ⅲ.①道路施工—无污染技术—研究 Ⅳ.①U415

中国国家版本馆CIP数据核字（2023）第079522号

现代公路工程技术与绿色施工研究
XIANDAI GONGLU GONGCHENG JISHU YU LVSE SHIGONG YANJIU

薛飞　邵兴伟　沈简　著

责任编辑　王喜艳

出 版 者	陕西科学技术出版社
	西安市曲江新区登高路1388号陕西新华出版传媒产业大厦B座
	电话（029）81205187　传真（029）81205155　邮编710061
	http://www.snstp.com
发 行 者	陕西科学技术出版社
	电话（029）81205180　81206809
印　　刷	西安真色彩设计印务有限公司
规　　格	787mm×1092mm　16开本
印　　张	12
字　　数	285千字
版　　次	2023年5月第1版
	2023年5月第1次印刷
书　　号	ISBN 978-7-5369-8704-3
定　　价	70.00元

版权所有　翻印必究

前 言

随着时代的发展,科学技术水平和居民生活质量不断提升,交通运输行业相关人员的综合素养也得到很大的提高,人们越来越意识到绿色施工和环境保护的重要性,所以,绿色施工如今逐渐成为公路工程建设的主要发展方向。绿色施工理念在现代公路工程建设中具有重要指导意义,对于降低施工对环境的影响,提高工程施工节能降耗水平等方面发挥着重要作用。在公路建设中会产生一定的污染问题,而节能、减排、环保、绿色等内容逐渐融入公路桥梁的建设中,使得绿色施工成为现今公路施工中的重要内容。绿色施工理念的融入可以有效节约公路施工成本,提高施工质量及效率,提升工程施工资源的利用率,减少资源的浪费,使公路桥梁建设达到可持续发展所提出的要求,适应现代公路事业的发展形势。

我国的经济和社会不断进步,公路建设事业也不断地发展,要求我国的公路建设事业在施工水平上达到更高的要求。因此,本书从施工技术与绿色环保的角度,对公路施工进行研究,以求为公路建设事业提供理论指导。本书就公路工程的施工技术展开详细论述,首先介绍了路基与路面施工技术,接下来分析了隧道、桥梁施工技术,最后对绿色公路建设理念与施工进行阐述,致力于提升公路施工技术水平。此书经过多次实践分析才得出重要的基础支撑和依据,其理论方法应用在公路工程中具有一定的可行性和前瞻性,可以提高施工效率,从而为我国公路桥梁工程项目的良好发展奠定坚实的基础。本书结构合理、内容严谨、逻辑清晰、语言流畅,是一部值得阅读的著作。

现代交通产业结构发生改变,人们在追求高效公路基础建设的同时,开始重视绿色环保产业价值的建设。在这种情况下,形成了绿色建筑思维,开展绿色建筑施工,实现绿色建筑,保护社会生态环境的意识也明显增强,这就为绿色基础技术的创新和进步提供了必要的保证。由于时间较紧,加上水平有限,本书错误与不妥之处在所难免,望读者批评指正。

目 录 CONTENTS

第一章 现代公路施工概述 1

    第一节 公路的基本组成 1

    第二节 公路的分级与标准 3

    第三节 公路施工的基本程序 5

    第四节 公路工程测量 11

第二章 路面施工技术 18

    第一节 路面的结构与类型 18

    第二节 路面基层施工技术 22

    第三节 沥青路面施工技术 28

    第四节 水泥混凝土路面施工技术 33

第三章 路基施工技术 39

    第一节 路基施工技术概述 39

    第二节 填方路基施工技术 40

    第三节 挖方路基施工技术 50

    第四节 路基坡面防护施工技术 60

第四章 隧道施工技术 74

    第一节 隧道施工技术概述 74

    第二节 隧道施工方法 79

    第三节 隧道新奥法施工技术 81

第五章 桥梁施工技术 ……112

第一节 明挖扩大基础施工 ……112
第二节 沉入桩基础施工 ……119
第三节 钻孔桩基础施工 ……123
第四节 沉井与沉箱基础施工 ……127
第五节 地下连续墙基础施工 ……132

第六章 公路施工生态保障技术 ……135

第一节 生态公路概述 ……135
第二节 公路建设对生态环境的影响 ……145
第三节 生态技术在公路工程建设中的应用 ……147
第四节 基于生态保障的施工网络编制与优化 ……167

第七章 绿色公路建设理念与施工 ……175

第一节 绿色公路建设理念 ……175
第二节 绿色施工 ……179

参考文献 ……184

第一章　现代公路施工概述

第一节　公路的基本组成

一、公路路基

(一) 公路路基的概念

公路路基是按线形设计的位置和横断面尺寸在天然地面上用土或石填筑成路堤（填方路段）或挖成路堑（挖方路段）的带状结构物，其主要作用是承受路面传递的车荷载，是用来支撑路面的重要基础。因此，路基本身必须具有足够的强度及足够的稳定性，还应具有不易变形等特点，要能够防止水分及其他自然因素对路基本身的侵蚀和损害。

水是造成路基破坏的主要自然因素之一，因此，为了排除地面水和地下水，保证路基使用寿命与强度，须设计完善的公路排水系统。

(二) 公路路基防护工程分类

路基防护工程是为了加固路基边坡，确保路基稳定而修建的结构物。按其作用不同，可具体分为以下 3 种类型：

1. 坡面防护

路基边坡坡面防护一般有植物防护、坡面治理及护坡与护面墙等。

2. 冲刷防护

冲刷防护除上述防护外，为调节水流流速及流向，防护路基免受水流冲刷，在沿河路基还可设置顺坝、丁坝、格坝等导流结构物。

3. 支挡构造物

支挡构造物一般是指填（砌）石边坡、挡土墙、护脚及护面墙等。

二、公路路面

公路路面是一种运用各种材料及混合料，分层或多层铺筑在路基顶面以供车辆行驶的层状结构物，其直接受车辆荷载作用和自然因素影响。因此，路面必须具有能够满足车辆在其表面安全、迅速、舒适行驶的强度、刚度、平整度、稳定性以及抗滑性。

三、桥涵

桥涵是工业术语，是桥梁和涵洞的统称。

桥梁是在公路跨越河流、沟谷或其他线路时，为保证公路的连续性而设置的构造物。

涵洞是指在公路工程建设中，为了使公路顺利通过水渠不妨碍交通，设于路基下的排水孔道（过水通道），通过这种结构可以让水从公路的下面流过。涵洞主要由洞身、基础、端墙和翼墙等组成。涵洞根据连通器的原理，常用砖、石、混凝土和钢筋混凝土等材料筑成。其一般孔径较小，形状有管形、箱形及拱形等。

四、隧道

交通隧道是由主体建筑物与附属建筑物两部分组成的结构。隧道的主体建筑物由洞身衬砌和洞门建筑两部分组成。隧道的主体建筑物是为了保持隧道稳定，保证行车安全运行而修的。隧道洞身衬砌的平、纵、横断面的形状由其几何设计而确定；衬砌断面的轴线形状和厚度由衬砌计算决定；洞门的构造形式由多方面因素决定，例如地形地貌、岩体稳定性、通风方式、照明状况及环境条件等。在洞门容易坍塌或在山体坡面有崩坍和落石地段，则应接长洞身（早进洞或晚出洞），或加筑明洞洞口。

五、交通服务设施

交通服务设施指的是在公路沿线所设置的一些与交通安全、服务环境保护以及养护管理等相关的设施，其目的便是保证行车安全、舒适、迅速与美观。

第二节 公路的分级与标准

一、公路分级

(一) 技术分级

公路的技术等级是表示公路通行能力、技术水平和服务水平的指标。根据公路的使用任务、功能以及适应的交通量将公路分成了以下五个等级。

1. 高速公路

高速公路是一种专门供汽车分向、分车道行驶并全部控制出入口的多车道公路，属于我国的公路网骨干线。在高速公路上一般设有中央分隔带，全部立体交叉，并且还具备完善的交通安全设施、管理设施以及服务设施。高速公路的设计年限通常为20年。

高速公路一般采用四、六、八车道数，其中四车道高速公路应能适应将各种汽车折合成小客车的年平均日交通量 25 000～55 000 辆，六车道为 45 000～80 000 辆，八车道为 60 000～100 000 辆。

2. 一级公路

一级公路是一种专门供汽车分向、分车道行驶，并可根据需要控制出入口的多车道公路，属于我国的公路网骨干线。但是当其作为集散公路时，纵横向干扰较大，因此，为了保证汽车分道、分向行驶，可设慢车道供非汽车交通行驶；当其作为干线公路时，为保证运行速度、交通安全和服务水平，应根据需要采取控制出入口措施。一级公路的设计年限通常为20年。

一级公路一般采用四、六车道，四车道一级公路应能适应将各种汽车折合成小客车的年平均日交通量 15 000～30 000 辆，六车道为 25 000～55 000 辆。

3. 二级公路

二级公路是一种专门供汽车行驶的双车道公路，属于我国公路网内基本线。为了保证汽车在行驶过程中的速度及交通安全，在混合交通量大的路段，可设置慢车道供非汽车交通行驶。二级公路的设计年限通常为15年。

双车道二级公路应能适应将各种汽车折合成小客车的年平均日交通量 5 000～15 000 辆。

4. 三级公路

三级公路是一种专门供汽车行驶的双车道公路，属于我国公路网内基本线。同时，也可供拖拉机、畜力车、人力车等非汽车交通通行。其混合交通特征明显，设计速度可采用 40km/h 或 30km/h。三级公路的设计年限通常为 15 年。

双车道三级公路应能适应将各种车辆折合成小客车的年平均日交通量 2 000～6 000 辆。

5. 四级公路

四级公路与三级公路相似，是一种专门供汽车行驶的双车道或单车道公路，属于我国公路网的支线。同时，也可供拖拉机、畜力车、人力车等非汽车交通通行。其混合交通特征明显，设计速度采用 20km/h。四级公路的设计年限通常为 10 年。

双车道四级公路应能适应将各种车辆折合成小客车的年平均日交通量 2 000 辆以下。单车道四级公路应能适应将各种车辆折合成小客车的年平均日交通量 400 辆以下。

（二）行政分级

公路网的组成有国道、省道、县乡道三级体系。1988 年，公路管理工作实行"统一领导，分级管理"的原则，把公路分为国家干线公路（简称国道）、省干线公路（简称省道）、县公路（简称县道）、乡公路（简称乡道）和专用公路。

1. 国道

国道是指在国家干线网中，具有全国性的政治、经济、国防意义的主要干线公路，包括重要的国际公路、国防公路，连接首都与各省、自治区、直辖市首府的公路，连接各大经济中心、港站枢纽、商品生产基地和战略要地的公路。

2. 省道

省道是指在省（自治区、直辖市）公路网中，具有全省性的政治、经济、国防意义，并由省级公路主管部门负责修建、养护和管理的省级公路干线。

3. 县道

县道是指具有全县政治、经济意义，连接县城和县内主要乡（镇）、主要商品生产和集散地的公路，还有不属于国道、省道的县际公路。县道由县、市公路主管部门负责修建、养护和管理。

4. 乡道

乡道是指直接或主要为乡村经济、文化、生产、生活服务以及乡村与外部联系的公路。乡道由县统一规划，由县、乡组织修建、养护和使用。由于乡村道路主要为农业生产服务，一般不列入国家公路等级标准。

5. 专用公路

专用公路是指专供或主要供厂矿、林区、农场、油田、旅游区、军事基地等与外部联系的公路。专用公路由专用单位负责修建、养护和管理，也可委托当地公路部门修建、养护和管理。专用公路的技术要求应按其专门制定的技术标准或参照公路工程技术标准执行。

二、技术标准

《公路工程技术标准》是国务院主管部门颁布的公路建设的技术法规，反映了我国公路建设的方针政策和技术要求，是公路勘测设计、修建和养护的依据。《公路工程技术标准》是根据公路设计与交通设计速度对路线和各工程结构设计的要求，这些要求被列为指标，用标准规定下来。

采用技术标准时要防止两种错误倾向：一是只顾降低工程造价，而一味采用低标准；另一种是只强求线形好，不顾工程造价而采用高标准。

同时也要避免两种错误观念：一种是只求合法，不求合理；另一种是只求合理，不求合法。

第三节 公路施工的基本程序

一、基本建设及其内容构成

基本建设是指国民经济各部门为发展生产而进行的固定资产的扩大再生产，在西方国家，相当于国家"资本投资"。例如，为了增加社会生产能力新建工厂、学校、公路、桥梁、码头、矿井、电站、水坝、铁路等；为了扩大生产和提高效益而扩建生产车间、提高路面等级、修建永久性桥梁；为了提高生产效率，改进产品质量对原有设备及工艺进行整体性技术改造；原有公路的全面改建等，这些都属于基本建设的范畴。由此可见，凡是固定资产扩大再生产的新建、改建、扩建、恢复工程的建筑、添置、安装等活动及其与之连带的工作称为基本建设。

在我国，基本建设是发展国民经济，增强综合国力，迅速实现社会主义现代化，提高人民物质文化生活水平和加强国防实力的重要手段。因此，党和国家历来都十分重视基本建设事业，并制定、颁布了一系列政策、法规。通过 10 个五年计划，全国范围进行了大规模基本建设，已初步形成了比较完整的工业、交通运输体系和国民经济体系，使历史悠久的中华大地发生了天翻地覆的变化，为我国的改革开放事业和构建社会主义和谐社会提供了坚实的物质基础。基本建设工作应包括以下内容。

(一) 建筑工程

建筑是指消耗建筑材料，使用工程机械，通过施工活动而建成的工程实体，如路基、路面、桥梁、隧道、厂房、水坝等构筑物。

(二) 安装工程

安装是指基本建设项目须用的各种机械和设备安设、装配、调试等工作，如工业生产设备、公路及大型桥梁所需的各种机械、设备、仪器的安装及调试等。

(三) 设备、工具及器具的购置

其包括属于固定资产的机器、设备、工具等用品的购置，如机械厂的机床、发电站的电力设备、高速公路的监控设备、路面养护用的沥青混合料拌和设备和摊铺机械等。

(四) 勘察、设计及相关工作

它是指编制建筑工程施工依据的勘察设计文件所进行的工作，如公路工程的初步设计、施工图设计等，还有勘察、设计过程中必须进行的地质调查、钻探、材料试验和技术研究工作等。

(五) 其他基本建设工作

其为确保基本建设工程顺利实施和正常运行而进行的基础工作，如土地征用、拆迁安置、人员培训等。

二、基本建设项目划分

基本建设工程无论大小都有其自身的复杂性，要进行若干项技术的、经济的和物质形态的工作。为了加强对基本建设工作的管理，便于编制设计文件、概预算文件和施工组织设计文件而便于工程招投标工作和施工管理，必须对基本建设项目进行科学分解和合理划分。基本建设工程可以划分为建设项目、工程项目、单位工程、分部工程和分项工程。

(一) 建设项目

建设项目也可称为基本建设项目，指的是经过批准后，在一个设计任务书范围内，按照同一总体设计进行建设的全部工程。建设项目是由一个或者多个单项工程所组成的，在经济上实行统一核算，行政上也实行统一管理，通常是以一个企业（或联合企业）、事业单位或独立工程作为一个建设项目。公路工程一般是以单独设计的公路路线、独立桥梁作为基本建设项目。

(二) 工程项目

工程项目也称单项工程，是指建设项目中具有独立的设计文件，建成后可独立发挥生产能力或使用效益的工程，如工业建筑中的生产车间、办公楼、仓库；民用建筑中的教学楼、图书馆、实验室、住宅；公路工程中独立合同段的路线、大桥、隧道等。

(三) 单位工程

单位工程是单项工程的组成部分，是指在单项工程中具有单独设计文件和独立施工条件，而又单独作为一个施工对象的工程，如生产车间的厂房修建、设备安装；公路工程中同一合同段内的路基、路面、桥梁、互通式立交、交通安全设施等。由此可见，单位工程一般不能独立发挥生产能力和使用效益。

(四) 分部工程

分部工程是按工程结构、构造或施工方法不同所做的分类，它是单位工程的组成部分。如房屋的基础、地面、墙体、门窗，公路路基的土石方、排水、涵洞、大型挡土墙，桥梁的上、下部构造、引道等。

(五) 分项工程

分项工程是指通过较为简单的施工过程就能生产出来，并且可以用适当计量单位计算的"假定"的建筑或安装产品。如 $10~m^3$ 块石基础、$100~m^2$ 水泥混凝土路面、一台某型号龙门吊的安装等。必须指出，分项工程只是建筑或安装工程的一种基本构成因素，是为了确定施工资源消耗和计算工程费用而划分的一种假定产品，以便作为分部工程的组成部分。因此，分项工程的独立存在是没有意义的，它不像上述项目那样是完整产品。

三、公路基本建设程序

公路基本建设程序是指公路基本建设项目从规划立项到竣工验收的整个建设过程中各项工作的先后顺序。这个顺序是由固定资产的建设过程，即基本建设发展进程的客观规律所决定的。科学的基本建设程序能正确处理基本建设工作中制订建设规划、确定建设项目、勘察设计、组织施工、竣工验收等各阶段与各环节之间的关系，指导基本建设工作有计划、按步骤地进行。公路基本建设涉及面广，既受地质、气候、水文等自然条件的制约，又受物资供应、技术水平等物质技术条件影响，同时还需要建设单位与设计、施工、监理、质量监督等单位和部门的协作配合。因此，公路基本建设项目必须严格按照规定程序实施，依次进行各个方面的工作，才能达到预期效果，否则将可能给国家造成严重经济损失或给工程带来无法弥补的缺陷。

（一）公路基本建设程序的流程

图1-1为公路基本建设程序的流程图，图中同时绘出了基本建设项目在设计、施工阶段应编制的施工组织设计文件的名称。所有大中型公路基本建设项目，都要严格按照公路基本建设程序运行，对于某些特殊的小型项目，经建设行政主管部门批准后可以根据实际情况适当简化建设程序。

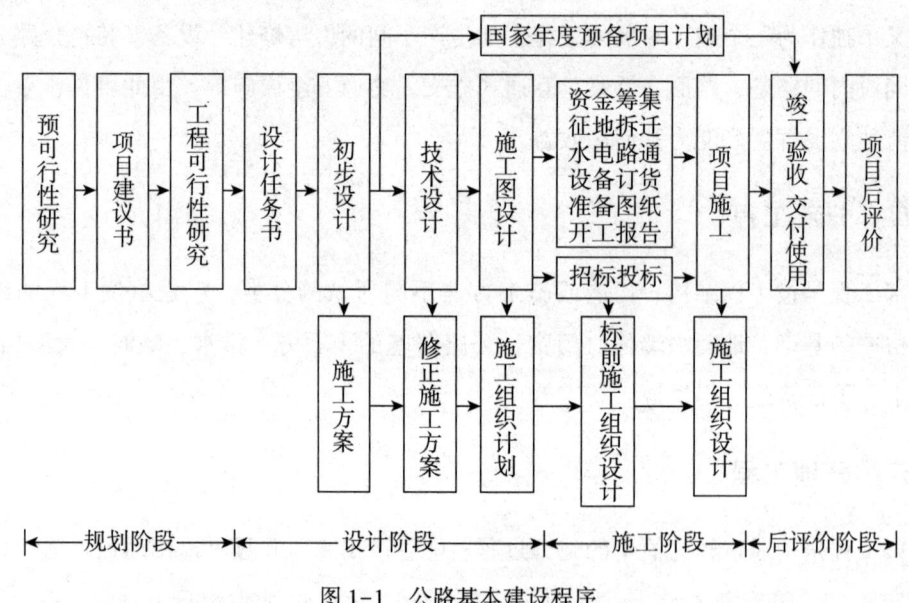

图1-1 公路基本建设程序

（二）公路基本建设程序各阶段内容

为加强公路基本建设项目管理，公路建设还应按照国家和交通运输部的有关规定实行项目法人制度、招标投标制度、工程监理制度和合同管理制度（通常称为"四项制度"）。现将公路基本建设程序各阶段的主要内容分别叙述如下。

1. 项目建议书阶段

项目建议书是建设单位（业主）向国家提出的要求建设某一项目的建议文件，是对建设项目的轮廓构想，这种构想可来自国家、部门和地方的发展规划与计划安排，或来自市场调查研究，或来自某种资源发现。项目建议书应对拟建项目的社会需求进行分析研究，明确为满足此需求所要达到的建设目标，包括经济目标、社会目标和环境目标，并考虑可能承担的风险。

2. 可行性研究阶段

项目建议书批准后，由政府交通主管部门组织项目的可行性研究。可行性研究是对拟建项目在技术上和经济上是否可行进行科学分析和论证工作，为项目决策（该项目是继续实施还是放弃）提供依据。可行性研究的主要任务是通过多方案比较，提出评价意见，推荐最佳方案。

按可行性研究的工作深度，其划分为预可行性研究和工程可行性研究两个阶段。预可行性研究应重点阐明建设项目的必要性，通过踏勘和调查研究，提出建设项目的规模、技术标准，进行简要经济效益分析。工程可行性研究应通过必要的测量（高速公路、一级公路必须做）、地质勘探（大桥、隧道及不良地质地段等），在认真调查研究、占有必要资料的基础上，对不同建设方案从技术上和经济上进行综合论证，提出推荐方案。

可行性研究报告经审查批准后，项目才能正式"立项"。大中型项目和限额以上项目的可行性研究报告经批准后，可根据实际需要组成筹建机构，即组建项目法人。一般改建、扩建项目不单独设置机构，仍由原企业负责筹建。

3. 设计任务书阶段

设计任务书是项目确定建设方案的决策性文件，是编制设计文件的主要依据。设计任务书可由建设单位自行提出，也可由工程咨询公司代为拟定，或由建设单位与设计单位协商确定。

设计任务书的主要内容包括以下几个方面：

①建设依据和建设规模。
②路线走向和主要控制点，独立大桥桥址和主要特点。
③地理位置、自然条件和社会经济现状。
④工程技术标准和主要技术指标。
⑤设计阶段及完成时间。
⑥环境保护、城市规划、抗震、防洪、防空、文物保护等要求和采取的措施方案。
⑦投资估算和资金筹措。
⑧经济效益和社会效益。
⑨建设期限和实施方案。

4. 勘察设计阶段

不论按几个阶段设计，其中的施工图设计文件均由以下13篇及附件组成，即总说明书；总体设计；路线；路基、路面及排水；桥梁、涵洞；隧道；路线交叉；交通工程及沿线设施；环境保护；渡口码头及其他工程；筑路材料；施工组织计划；施工图预算；附件。其中第二篇总体设计只用于高速公路和一级公路，附件内容为补充地质勘探、水文调查及计算等基础资料。

5. 建设准备阶段

项目在开工建设之前，要做好以下前期准备工作。

（1）预备项目

初步设计已经批准的项目可列为预备项目。国家的预备项目计划，是对列入部门、地方编报的年度建设预备项目计划中的大中型项目和限额以上项目，经过对建设总规模、生产力布局、资源优化配置及外部协作条件等方面进行综合平衡后安排和下达的。

（2）建设准备的内容

建设准备的主要工作内容主要分为以下 5 个部分：

①征地、拆迁和安置。

②完成施工用水、电、路工程。

③设备、材料订货。

④准备施工图纸。

⑤监理、施工招标投标。

（3）申报项目施工许可

工程完成了规定的建设准备，并具备了开工条件以后，应申报项目施工许可。年度大中型项目和限额以上项目须经国务院批准，国家发展和改革委员会下达项目计划，其他项目可由部门和地方政府批准。

6. 建设施工阶段

建设项目开工报告一经批准，项目便进入了建设施工阶段。本阶段是项目决策的实施、建成投入使用、发挥效益的关键，因此，建设单位、施工企业、监理单位都应认真做好各自工作。

公路项目开工建设的时间以开始进行土石方施工的日期作为正式开工日期。分期建设的项目，分别按各期工程开工的日期计算。施工活动应严格按照设计要求、技术规程、合同条款、预算投资、施工程序和顺序、施工组织设计，在保证质量、工期、成本等计划目标的前提下进行，达到竣工标准要求，经验收后移交使用。

7. 竣（交）工验收交付使用阶段

竣（交）工验收是建设全过程的最后一道程序，是投资成果转入使用的标志，是建设单位、设计单位和施工单位向国家汇报建设项目的生产能力或效益、质量、造价等全面情况及交付新增固定资产的过程。验收工作在建设项目按施工合同文件的规定内容全部完成后进行。

公路项目验收分为单项工程交工验收和整体项目竣工验收两个阶段。竣工验收由建设主管部门主持，依据国家有关规定组成验收委员会，按照相关要求组织验收。在工程验收前，建设单位要做好以下准备工作：组织设计、施工等单位进行工程初验，并向主管部门提出验收报告；整理技术资料，包括各种文件绘制竣工图，必须准确、完整、符合档案管理要求；编制竣工决算。验收合格的工程，应移交使用，并按有关规定办理交接手续。

8. 项目后评价阶段

项目后评价应经过建设单位自评和投资方评价两个阶段，包括以下内容：
①评估项目的实际成效。
②确定项目是否达到了预期目标和设计要求。
③检查设计、施工各个环节的实际质量，重新计算实际财务效益和国民经济效益。

项目后评价可以肯定成绩、总结经验、探讨问题、吸取教训，并提出建议，作为今后改进投资规划、评估和管理工作的参考。

第四节　公路工程测量

一、控制点的复测

平面控制点是公路施工过程中控制公路线形平面位置的重要依据，高程控制点是施工过程中控制公路路线高低的主要依据。平面控制点的任务是把设计图上的"公路线形"放样到实地，高程控制点的任务是把设计图上"公路路线的高程"放样到实地。

公路工程施工过程中，控制点对于构造物定位精度至关重要，应妥善保护。施工单位进驻工地后，采用的平面控制点、高程控制点是设计单位在勘测阶段布设的，因此，施工单位首先应对这些点位认真勘察核实。一般来说，从路线勘察设计到路基正式开工，间隔时间都比较长，这期间在路线勘察设计阶段布设的导线点、交点、转点、水准点都难免损坏丢失。为了保证公路路线符合设计文件的要求，防止构造物偏位过大，施工单位在施工前必须对设计单位提交的全部控制桩点进行复测。

施工复测的主要目的是检验原有控制桩点的准确性，而不是重新测设。因此，经过复测，凡是与原来的成果或点位的差异在允许的范围内时，一律以原有的成果为准，不做改动。对经过多次复测，证明原有成果有误或点位有较大变动时，应报有关单位，经审批后才能改动。

（一）平面控制测量

平面控制测量常用的方法有全站仪导线测量和GPS测量等。

1. 全站仪导线测量

导线是由若干条直线连成的折线,每条直线称导线边,相邻两直线之间的水平角称为转折角。测定了转折角和导线边长之后,即可根据已知坐标方位角和已知坐标算出各导线点坐标。按照测区的条件和需要,导线可以布置成下列几种形式。

(1) 附合导线

导线起始于一个已知控制点,终止于另一个已知控制点。控制点上可以有一条边或几条边,它是已知坐标方位角的边,也可以没有已知坐标方位角的边。

(2) 闭合导线

导线由一个已知控制点出发,然后回到这一点,形成一个闭合多边形。在闭合导线的已知控制点上必须有一条边的坐标方位角是已知的。

(3) 支导线

支导线从一个已知控制点出发,既不到另一个控制点,也不回到原来的始点。由于支导线没有检核条件,故一般只用于地形测量的图根导线测量。导线测量工作分为外业和内业。

导线测量的外业工作主要包括:踏勘选点及建立标志、测边、测角等。布设导线时,应依据要求,确定导线等级,并按照相应技术要求展开工作。

2. 伪距测量

伪距测量根据接收机接收到的 GPS 卫星发射的测距 A/C 码和电文内容,通过信号从发射到到达用户接收机的传播时间,计算出卫星和接收机天线间的距离。但由于 GPS 卫星时钟与用户接收机时钟难以保持严格的同步,存在时钟差,所以,观测的卫星与接收机天线间的距离均受到卫星钟与用户接收机钟同步差的影响,并不是真实距离,因此,人们习惯上称所测距离为"伪距"。

3. 载波相位测量

人们通常会测定 GPS 卫星载波信号在传播路径上的相位变化值,以确定信号传播的距离。采用伪距观测量定位速度最快,而采用载波相位观测量定位精度最高。通过对 4 颗或 4 颗以上的卫星同时进行伪距或相位的测量即可推算出接收机的三维坐标。

(1) GPS 进行平面控制测量的特点

GPS 用来做平面控制测量时,一般采用静态定位模式。静态定位模式是将 GPS 接收机安置在基线端点上,观测中保持接收机固定不动,以便能通过重复观测取得足够观测数据,以提高定位精度。这种作业模式一般是采用 2 套或 2 套以上 GPS 接收设备,分别安置在 1 条或数条基线的端点上,同步观测 4 颗以上卫星。较之于常规方法,GPS 在布设控制网方面具有以下特点。

①测量精度高。GPS 观测的精度要明显高于一般的常规测量手段，GPS 基线向量相对精度一般在 $10^{-5} \sim 10^{-9}$，这是普通测量方法很难达到的。

②选点灵活，不需要造标，费用低。GPS 测量，不要求测站间相互通视，不需要建造觇标，作业成本低，大大降低了布网费用。

③全天候作业。在任何时间、任何气候条件下，均可以进行 GPS 观测，大大方便了测量作业，有利于按时、高效完成控制网布设。

④观测时间短。采用 GPS 布设一般等级的控制网时，在每个测站上的观测时间一般在 $1 \sim 2h$，采用快速静态定位的方法，观测时间更短。

⑤观测、处理自动化。采用 GPS 布设控制网，数据观测和处理过程均是高度自动化的。

（2）GPS 静态作业的选点及布网

①GPS 网布设形式和实施方案：GPS 静态网的布设形式通常有点连式、边连式和边点混合式 3 种形式。

②静态外业操作流程：放置脚架，对中整平，安置好仪器；量取天线高；打开接收机电源，接收机跟踪多于 4 颗以上卫星时，卫星指示灯慢闪，打开数据记录灯，此时开始记录数据（注：一定要保证数据记录灯亮，否则没有记录数据）；认真填写外业记录表；结束测量时，先关闭数据记录灯，再关闭接收机电源。

③内业数据处理：内业数据处理一般都是采用 GPS 接收机生产厂家配套软件进行，如 Trimble 公司的配套后处理软件 Trimble geomatics office，它是基于 Microsoft Windows 的多任务操作系统，可以进行 GPS 数据后处理及 RTK 测量数据处理。它可以处理所有 Trimble GPS 的原始测量数据、其他品牌的 GPS 数据（RINEX）、传统光学测量仪器采集的数据以及激光测距仪数据。

整个软件包由多个模块构成，包括数据通信模块、星历预报模块、静态后处理模块、动态计算模块、坐标转换模块、网平差模块、RTK 测量数据处理模块、DTMlink 模块和 ROADlink 模块。

（二）高程控制测量

高程控制测量的常用方法有水准测量和三角高程测量。

1. 水准测量

用水准测量法布设高程控制网时，应根据要求确定施测等级，并按照相关技术要求进行外业及内业计算工作。

2. 三角高程测量

山区或困难地区，可以采用三角高程测量的方法建立高程控制网，根据要求确定施测等级，并按照相关技术要求进行外业及内业计算工作。在三角高程路线的各边上，一般应进行往返测，又称对向观测（或称双向观测），即由 A 向 B 观测（称为直觇），又由 B 向 A 观测（称为反觇）。由 B 向 A 观测时可消除地球曲率和大气折光影响。

二、施工放样

（一）放样点位常用方法

放样点位的常用方法有极坐标法、全站仪坐标法、距离交会法、角度交会法、直接坐标法（如 GPS-RTK 法）等，采用经纬仪、全站仪、钢尺和 GPS 接收机进行。

1. 极坐标法

设 A、B 为已知点，P 为待放样点，其设计坐标为已知。在 A 上架经纬仪，放样一个角口，在放样出的方向上标定一个 P 点，再从 A 出发沿 AP 方向放样距离 S，即得待放样点 P 的位置。用某种标志在实地表示出 P 位置。

2. 全站仪坐标法

极坐标法放样，需要事先根据坐标计算放样元素，而放样元素计算是要根据仪器架设位置而定的，有时现场仪器架设位置会有变化，这就需要重新计算放样元素。而用全站仪坐标法，就不需要事先计算放样元素，只要提供坐标就行，而且操作十分方便。

全站仪架设在已知点 A 上，只要输入测站点 A、后视点 B 以及待放样点 P 的三点坐标，瞄准后视点定向，按下反算方位角键，仪器会自动将测站与后视的方位角设置在该方向上；然后按下放样键，仪器自动在屏幕上用左右箭头提示，应该将仪器往左或右旋转；这样就可使仪器到达设计的方向线上，接着通过测距离，仪器自动提示棱镜前后移动，直到放样出设计距离，这样就能十分方便地完成点位放样。

3. 距离交会法

该方法需要先根据坐标计算放样元素 S_1、S_2，然后在现场分别以两已知点为圆心，用钢尺以相应的距离为半径画圆弧，两弧线的交点即为待定点位置。当距离用钢尺丈量时，待定点到已知点的距离不宜超过一尺段之长。

4. 角度交会法（方向交会法）

在量距不方便的场合常用角度交会法放样，放样元素是两个交会角 β_1、β_2，它们可按已知点的坐标和待定点的设计坐标计算得到。现场放样时在两个已知点上架设两架经纬仪，分别放样相应的角度。两架经纬仪视线的交点即是待定点 P 的平面位置。

5. 直接坐标法（GPS-RTK 法）

在公路工程测量领域里，测量工作者已不满足于只将 GPS 用作控制测量。特别是近几年来，高精度 GPS 实时动态定位技术 RTK 发展迅速，由于它能够实时提供在任意坐标系中的三维坐标数据，因而在公路中线测量中利用 GPS-RTK 直接坐标放样已很普遍。

GPS-RTK 是一种全天候、全方位的新型测量系统，是目前实时、准确地确定待测点位置的最佳方式。它需要 1 台基准站接收机和 1 台或多台流动站接收机及用于数据传输的电台。RTK 定位技术，是将基准站的相位观测数据及坐标信息通过数据链方式及时传送给动态用户，动态用户将收到的数据链连同自采集的相位观测数据进行实时差分处理，从而获得动态用户的实时三维位置。动态用户再将实时位置与设计值相比较，进而指导放样。

该方法将基准站 GPS 接收机安置在参考点上，打开接收机，除了将设置的参数读入 GPS 接收机外，输入参考点的当地施工坐标和天线高，基准站 GPS 接收机通过转换参数将参考点的当地施工坐标转化为 WGS-84 坐标，同时连续接收所有可视 GPS 卫星信号，并通过数据发射电台将其测站坐标、观测值、卫星跟踪状态及接收机工作状态发送出去。流动站接收机在跟踪 GPS 卫星信号的同时，接收来自基准站的数据，进行处理后获得流动站的三维 WGS-84 坐标，再通过与基准站相同的坐标转换参数将 WGS-84 转换为当地施工坐标，并在流动站的手控器上实时显示。接收机可将实时位置与设计值相比较，以指导放样。

GPS-RTK 定位技术具备其他测量仪器无法比拟的优点，采用一般仪器，如全站仪测量等，既要求通视，又费工费时，而且精度不均匀。RTK 测量拥有彼此不通视条件下远距离传递三维坐标的优势，并且不会产生误差累积，应用 RTK 直接坐标法能快速、高效率地完成测量放样任务。

（二）高程放样

1. 水准仪法放样

高程放样时，地面有水准点 A，其高程已知，设为此 H_A；待定点 B 的设计高程为 H_B，要求在实地定出与该设计高程相应的水平线或待定点顶面。高程放样一般用水准仪。α 为水准点上水准尺的读数。待放样点上水准尺的读数 β 可由下式算得。

$$\beta = (H_A + \alpha) - H_B$$

当放样的高程点与水准点之间的高差很大时（如向深基坑或高楼传递高程时），可以用悬挂钢尺代替水准尺，以放样设计高程。悬挂钢尺时，零刻画端朝下，并在下端挂一个质量相当于钢尺鉴定时拉力的重锤，在地面上和坑内各放一次水准仪。设地面放仪器时对 A 点尺上的读数为 a_1，对钢尺的读数为 b_1；在坑内放仪器时对钢尺的读数为 a_2，则对 B 点尺上的读数为 b_2。

由 $H_B - H_A = h_{AB} = (a_1 - b_1) + (a_2 - b_2)$ 得 $b_2 = a_2 + (a_1 - b_1) h_{AB}$。

用逐渐打入木桩或在木桩上画线的方法，使立在 B 点的水准尺上读数为 b_2，这样就可以使 B 点的高程符合设计要求。当对高程放样精度要求较高时，宜在待放样高程处埋设高度可调整的标志。放样时调节螺杆可使标志顶端精确升降，直到标志顶面高程达到设计高程时为止，然后旋紧螺母以限制螺杆升降，为了更加牢固，往往还须采用点焊等方法使螺杆不能再升降。

2. 全站仪无仪器高作业法放样

对一些高低起伏较大的工程放样，如大型体育馆的网架、桥梁构件、厂房及机场屋架等，用水准仪放样就比较困难，这时可用全站仪无仪器高作业法直接放样高程。

三、横断面测量

绘制横断面图的工作量较大，为提高工效，防止错误，测绘人员应多在现场边测边绘，这样既可当场出图，省略记录，又可及时核对，发现问题，及时纠正，以保证横断面图的质量。

横断面图的比例尺一般是 1∶200 或 1∶100，横断面图通常绘制在米格纸上，图幅为 350mm×500mm，每隔 1cm 有一细线条，每隔 5cm 有一粗线条，细线间一小格为 1mm。

绘图时以一条纵向粗线为中线，以纵线、横线相交点为中桩位置，向左右两侧绘制。先标注中桩的桩号，再用铅笔根据水平距离和高差，将变坡点点在图纸上，然后用小三角板将这些点连接起来，这样就得到横断面的地面线。显然一幅图上可以绘制多个断面图，一般绘图顺序是从图纸左下方起，自下而上、由左向右，依次按桩号绘制。

根据路基横断面图可计算线路挖、填方数量。通常情况下，路基横断面图下方用 AW 表示挖方横断面面积，用 A- 表示横断面填方面积。只要把各相邻断面填、挖方体积计算出来，予以汇总就可求得施工标段的总方量。计算步骤如下：

①求相邻两横断面的平均面积 $(A_1 + A_2) / 2$。

②求相邻两横断面间距。

③计算土石方工程量，并累计。

由于施工段一般都较长，少则一两千米，多则几千米，每 25m 一个横断面，每千米 40 多个横断面，虽然计算简单，但量大而繁。为了准确快速地运算，可将公式编写成程序用计算机计算。

四、地形图测绘

地形图能全面、客观地反映地面地形地物情况，因此，被广泛应用于各种工程建设中。地形图的测绘方法现在主要有全站仪数字化成图、摄影测量成图、遥感成图等。这里简单介绍全站仪数字化成图方法。

(一) 野外碎部点采集

一般用"解算法"进行碎部点测量采集，将所测点位三维坐标 (x, y, H) 及其绘图信息储存在仪器内存或电子手簿中，同时还要记录测站参数、距离、水平角和竖直角的碎部点位置、信息及编码、点号、连接点和连接线形四种信息，在采集碎部点时要及时绘制观测草图。

(二) 数据传输

将仪器或电子手簿与计算机用数据通信线连接，把野外观测数据传输到计算机中，每次观测的数据要及时传输，避免数据丢失。

(三) 数据处理

数据处理通常分为以下两个部分。

1. 数据转换

数据处理是对野外采集的数据进行预处理，检查可能出现的各种错误，把野外采集到的数据编码，使测量数据转化成绘图系统所需的编码格式。

2. 数据计算

数据计算是针对地貌关系的，当测量数据输入计算机后，生成平面图形，建立图形文件，绘制等高线。

(四) 图形处理与成图输出

编辑、整理经数据处理后所生成的图形数据文件，对照外业草图。修改整饰新生成的地形图，补测、重测存在漏测或测错的地方，然后加注高程、注记等，进行图幅整饰，最后成图输出。

第二章 路面施工技术

第一节 路面的结构与类型

公路工程等基础设施施工技术的不断发展,为我国经济发展提供了强有力支撑,也满足了人们日常出行需求。随着城市化进程不断深入,城市发展对交通提出了更高的要求,公路施工项目也不断增多。路面作为公路的主要工程结构物,应不断完善施工技术,提高公路质量。

一、路面的结构

(一)面层

面层位于路面结构最上层,承受行车荷载的作用力,受天气变化的影响。因此,面层应具备较高的强度和刚度,良好的耐久性和抗滑性,较好的水和温度稳定性。一般来说,面层分两层或三层铺筑。例如,高速公路沥青路面的厚度较高,可分为三层铺筑。水泥混凝土路面的两层铺筑,分别使用不同标号的水泥混凝土材料。需要指出的是,用作封闭表面空隙、防止水分侵入面层的封层,简易的沥青表面处理及砂石路面上的磨耗层,都应看作面层的一部分。

(二)基层

基层位于面层之下,是用高质量材料铺筑的主要承重层。铺筑在基层之下的次要承重层是底基层。基层主要承受由面层传递的行车荷载垂直应力作用,使传递到垫层的应力在容许范围内。基层应具备足够的强度、较好的平整度、良好的耐久性和稳定性。

(三)垫层

垫层是位于基层和土基之间的结构层,主要起到隔水、隔温、排水、传递和扩散荷载等作用。另外,在碎石基层上铺设垫层能起到隔土的作用,避免土基进入基层而影响碎石基层结构的性能。施工时应根据垫层在路面结构中的作用选择垫层材料。透水性垫层主要包括砂、砾和炉渣等，稳定性垫层主要包括水泥稳定土和石灰稳定土等。

（四）联结层

联结层指为加强面层和基层的共同作用或减少基层裂缝对面层的影响，而设在基层上的结构层，经常被视为面层的组成部分。联结层一般采用颗粒较大的沥青稳定碎石、大粒径透水性沥青稳定碎石或沥青贯入式。

二、路面的类型

（一）柔性路面

在柔性基层上铺筑沥青面层或用具有较强塑性能力的细粒土稳定集料的路面结构称为柔性路面。柔性路面的强度和刚度较小，在行车荷载作用下容易变形。土基的强度、刚度及稳定性对路面结构的整体质量有较大影响。荷载通过各种结构层传递到土基，土基受到较大单位的压力。

（二）刚性路面

刚性路面主要指用水泥混凝土作为面层或基层的路面结构。刚性路面比柔性路面的强度和刚度高，具有较强的抗弯拉性。在刚性路面中，水泥混凝土一般处于板体工作状态，依靠水泥混凝土板的抗弯拉强度承受车辆荷载作用。通过水泥混凝土的扩散作用，传递到基础上的单位压力较小。

（三）半刚性路面

铺筑在半刚性基层上的沥青路面称为半刚性路面。半刚性路面介于柔性路面和刚性路面之间，在前期时具有柔性路面的力学性质，后期的强度和刚度均有增长，但比刚性路面的强度和刚度弱。半刚性路面的材料主要包括炉渣、水泥土、石灰土、稳定粒料等。

（四）复合式基层路面

上部使用柔性基层，下部使用半刚性基层的基层称为复合式基层，它是受力特点处于半刚性基层和柔性基层中间的一种结构，可以提高柔性路面的承载能力，在加铺沥青面层之后被称为复合式路面。

半刚性基层的整体性好，但易形成温度裂缝和干缩裂缝，并经反射造成沥青面层开裂，水渗入后在行车荷载的作用下出现唧浆现象，进而形成公路路面的早期损坏。将半刚性基层用作下基层，上覆以柔性基层，成为复合式结构，该结构不仅可以提高基层承载力，也可以扩散半刚性基层裂缝产生的水平应力，进而截断反射裂缝向上传递的途径。同时，柔性基层多采用级配碎砾石结构，具有一定的排水功能，进一步完善基层边缘排水设计，应能起到预防路面早期破坏的效果。重交通量和多雨潮湿地区目前已开始复合式基层路面的研究和实践。

三、路面的基本要求

（一）足够的强度

行驶在路面上的车辆，通过车轮将水平力和垂直力传给路面。另外，路面还受到车辆冲击力、震动力以及车身后真空吸力的作用。受上述外力的作用，路面结构内会产生多种应力作用。路面结构的强度不足，路面就会出现磨损、开裂、沉陷、波浪等病害，进而造成路面大面积破坏，甚至导致中断交通。因此，路面应具有足够强度，以抵抗行车荷载作用。

（二）足够的刚度

刚度是指路面结构整体或某一部分抵抗变形的能力。刚度与强度既有联系，又有区别。即使路面的强度足够，但其刚度不足时，路面也会发生变形。设计人员在设计路面时，应保持路面足够的刚度，分析荷载和变形关系，让路面整体结构及其组成部分的变形量在容许范围内。石灰、水泥稳定类等材料的刚度过大时，容易产生裂缝。因此，施工时应考虑路面材料的组成比例。

（三）足够的稳定性

路面结构袒露在自然环境之中，经受水和温度等影响，使其力学性能和技术品质发生变化。路面稳定性包括以下内容。

1. 高温稳定性

在夏季高温条件下，沥青材料如没有足够的抗高温的能力，就会发生泛油、面层软化，在车辆荷载的作用下产生车辙、波浪和推挤，水泥路面则可能发生拱胀开裂。

2. 低温抗裂性

冬季低温条件下，路面材料如没有足够的抗低温能力，会出现收缩、脆化或开裂，水泥路面也会出现收缩裂缝，气温骤变时出现翘曲而破坏。

3. 水湿稳定性

雨季路面结构应有一定的防水、抗水或排水能力，否则在水的浸泡作用下，强度会下降甚至出现剥离、松散、坑槽等破坏。

（四）良好的平整度

路面应具备良好的平整度，以减少行车振动作用的冲击力，保证行车速度，提高行车的安全性和舒适性。道路等级越高，对路面的平整度要求越高。不平整的路面会使车辆产生附加振动作用，导致行车颠簸，造成车辆磨损，增大油量消耗。这种振动作用会对路面施加冲击力，加剧路面损坏。另外，不平整的路面还会积滞雨水，加剧路面破坏。路面的平整度与路面的强度和刚度有关，强度和刚度较弱的路面，不能承受车辆荷载的反复作用，容易出现磨损、开裂、推挤、沉陷等病害，破坏路面平整性。

（五）良好的抗滑性

路面应具有良好的抗滑性。如果路面光滑，车轮与路面之间的附着力就会减小，容易出现打滑、空转现象，增加油耗量，降低行车速度和安全性。在雨雪天气高速行车、紧急制动或突然启动时，车轮极易出现打滑或空转，严重时会引起交通事故。路面上的行车速度越高，对路面的抗滑性要求越高。

（六）良好的耐久性

阳光的曝晒、水分的浸入和空气氧化都会对路面结构和材料产生作用，尤其是沥青材料会出现老化，并失去原有技术品质，导致路面开裂、脱落，甚至大面积松散破坏。因此，在修筑路面时，应选择耐久性较好的路用材料，延长路面使用寿命。

四、路面施工的方法

（一）人工路拌法

20 世纪 80 年代以前，我国路面工程施工主要采取这种方法。人工摊土（石料）、人工拌和、简易机械压实，基层施工主要有人工翻拌法、人工筛拌法等，沥青面层施工主要有沥青贯入式和人工冷拌沥青混合料、使用炒盘人工拌和沥青混合料等。其主要的特点是用工数量大，劳动强度大，工作效率低，工程质量受人为因素影响大，且质量不稳定，安全生产和防护措施比较严格，安全生产难度大。

(二) 机械路拌法

路面基层施工以机械路拌法为主，其操作是以人工或机械分层摊铺各种路用材料，然后用路拌机械拌和整形后碾压成形，这也是目前路面底基层和二级以下公路路面基层常用的施工方法。其主要特点是用人工数量大大减少，混合料拌和质量较好，但如不严控拌和深度，易出现素土夹层。对于高速公路和一级公路，除直接和土基相邻的路面底基层外，不宜采用机械路拌法施工，而应采取厂拌机铺法施工。

(三) 厂拌机铺法

随着高速公路的快速发展，无机结合料稳定粒料路面基层得到了广泛应用，这种结构多使用厂拌机铺法。此外，沥青碎石和沥青混凝土路面的施工，水泥混凝土路面的施工，也采用厂拌机铺法，即用专门的厂拌机械拌制混合料，用专门的摊铺机械摊铺路面的施工方法。其主要特点是机械化程度高，混合料配比准确，厚度控制、高程控制比较直观，但需要大量的自卸运输车辆。

第二节 路面基层施工技术

一、路面基层概述

(一) 路面基层的概念

在路面结构中，位于面层之下的主要承重层为基层，基层之下的次要承重层为底基层。基层是路面结构的重要组成部分，其可以抵御环境因素的影响，承受一定的行车荷载作用。因此，基层一般使用高质量的材料铺筑，以具有足够的强度、耐久性和稳定性。

(二) 路面基层的特点

路面的基层（底基层）可分为无机结合料稳定类和粒料类。无机结合料稳定类又称半刚性基层，一般包括水泥稳定类、石灰稳定类和综合稳定类。粒料类包括级配碎（砾）石、填隙碎石、泥结碎石、天然沙砾（石）。

粒料类中的泥（灰）结碎石、填隙碎石属于嵌锁型基层（底基层），其强度和稳定性取决于碎石之间的内摩阻力及黏结力，即其很大程度上取决于石料的强度、尺寸、形状、密实度等。

粒料类中的级配碎（砾）石、符合级配的天然沙砾属于级配型基层（底基层），其强度和稳定性取决于粒料之间的内摩阻力和黏结力，即很大程度上取决于碎（砾）石的类型、最大粒径、细料含量、塑性指数、密实度等。

在目前国内的一级公路及高速公路施工中，底基层一般采用石灰土底基层、二灰土底基层和级配碎石底基层；基层一般采用二灰碎石基层和水泥稳定级配碎石基层。

二、水泥稳定土施工

（一）水泥稳定土形成原理

在水泥稳定土中，由于水泥用量很少，水泥的水化完全是在土中进行的，土在这一过程起着很大的作用。水泥和土拌和后，土中的水分和水泥的矿物发生水化和水解反应，形成各种水化物，一些水化物与有活性的土进行反应，一些则硬化形成水泥石骨架。水泥稳定土强度主要依靠离子交换、团粒化作用、硬凝反应及碳酸化作用形成。

（二）水泥稳定土的材料要求

1. 土质

凡能被经济地粉碎的土，都可用水泥稳定。土的质量要求有压碎值、最大粒径、颗粒组成、液限、塑性指数、有机质含量、硫酸盐含量等。

2. 水泥

宜选择终凝时间大于6h以上的水泥。如果终凝时间不能满足时间要求，可加入适量缓凝剂进行调节。可使用普通硅酸盐水泥、矿渣硅酸盐水泥及火山灰质硅酸盐水泥，不可使用受潮变质水泥、快硬水泥及早强水泥。

3. 石灰

应使用生石灰粉或消石灰粉。生石灰粉的有效钙加氧化镁含量消石灰应大于55%，镁质生石灰应大于60%，钙质生石灰应大于70%。如果使用消石灰，应提前将消石灰充分消解成粉状，并设棚存放。

4. 水

施工用水应洁净，不含有害物质。凡是饮用水（含牲畜饮用水）均可用于水泥稳定土施工。

（三）水泥稳定土的施工流程

在路面基层稳定土混合料的搅拌和摊铺施工中，广泛采用路拌法和厂拌法施工工艺，具体选用哪种方法,应根据公路施工技术规范要求及施工单位拥有的机械设备来决定。路拌法施工仅适用于二级及以下公路和高速公路、一级公路直接铺筑在土基上的底基层。这里叙述其施工工艺流程时,以水泥稳定土为例,其工艺流程如下。

1. 准备下承层

当水泥稳定土用作基层时,应准备底基层;当水泥稳定土用作底基层时,应准备土基。底基层和土基都应按照规范进行验收,如果已经遭到破坏,应采取以下措施进行处理,达到标准后才能铺筑水泥稳定土层。

①用 12～15t 的三轮压路机或碾压机碾压土基。在碾压过程中,如果发现土过于湿润,应采取挖开晾晒、掺石灰或粒料、换土等措施;如果发现土过于干燥,应适当洒水。

②应根据具体路段的底基层检查结果,采取针对性解决措施,如加厚底基层、补充碾压、挖开晾晒、更换材料等。

③应填补底基层上的坑洞,压平基底层上的低洼,刮除车辙和搓板。对于底基层上的松散处,应重新耙松、碾压。

④逐一断面检查底基层或土基是否符合设计要求。

2. 测量放样

施工时一般进行水平测量,在两侧指示桩上用红漆标出水泥稳定土层边缘的设计高。

①在验收合格后,施工摊铺前,在底基层或土基上恢复中线。一般来说,直线段每隔 15～20m 设一桩,平曲线段每隔 10～15m 设一桩。

②每 200～300m 增设一个临时水准点,用红漆在指示桩上标出设计标高作为施工控制标准。

③测量放样后,清扫下承层,并在上料前洒水湿润,使下承层潮湿而无积水。

④确定合理的作业长度。

3. 洒水闷料

如果已整平的土层中含水量过小,应在土层上洒水闷料,保持水分合适均匀。水泥稳定土应预先闷料。

4. 备土集料

①采用老路面或土基上部材料作铺筑材料时,应首先清除垃圾、石块等杂物,翻松老路面或土基上部至路基顶面标高,并使土块破碎到要求粒径,初步按设计路拱和预计的松铺厚度整形。

②采用料场的土(含细粒土和中、粗粒土)时,应首先将料场的草皮、树木和杂土清理干净,筛除超粒径的颗粒,使之满足最大颗粒要求,一般要求塑性指数大于 15 的黏性土,可视土质和机械性能确定其是否需要过筛。

③计算土或集料用量，计算每车料对应的卸料距离或卸料面积，在同料场供料的路段内，由远到近将集料按照计算距离或面积，卸置于下承层表面的中间或两侧。

④当集料采用多种不同规格的碎石须按比例掺配时，可计算出不同规格的碎石在每延米的体积，备料时各规格碎石分别运铺，运到后首先码成一个三角形断面或梯形断面的料带。断面尺寸根据该规格材料用量，该材料的松方干重及材料料堆自然休止角（决定三角形断面的坡度）计算求得，然后机械或人工摊铺在道路的全断面上铺完一种规格，用小型压路机或链轨车稳定1～2遍，再运另一种规格的碎石，直至全部材料运铺完成。

5. 整平轻压

土层预湿后，应整形成要求的坡度和路拱，并用压路机碾压1～2遍，使表面整平并具有一定的密实度。

6. 摊铺水泥

①根据水泥稳定土层的宽度，计算摆放水泥的行数及每行水泥间距。根据计算结果，在现场画出标记。

②根据每袋水泥的摊铺面积和每行水泥间距，计算每袋水泥的纵向间距。

③按每袋水泥的纵横间距，用石灰线画格网，标出摆放位置。

④将水泥运到摊铺路段后，按事先做好的标记摆放水泥，并且应检查有无遗漏或多余。将水泥袋拆开，倒出水泥后，用刮木板将水泥均匀摊开。

7. 拌和

对于二级及以上公路，应使用稳定土专用拌和机进行拌和，并设专人跟机检查拌和质量。拌和深度检查宜开挖检查，每5～10m应挖检查坑。有些单位使用钢钎插检拌和深度，这样不能发现素土夹层，是不可取的。通常拌和应在2遍以上，对发现素土夹层的部位，可使用多铧犁紧贴下承层表面翻拌一遍，然后使用专用拌和机复拌。

对于三级及以下公路，也要尽量使用稳定土专用拌和机进行拌和。如果没有专用拌和机，可使用农用多铧犁、旋耕机或平地机配合拌和。应注意检查拌和的均匀程度，土颗粒的最大粒径等。拌和过程中，应及时检查混合料含水量，含水量应当均匀，并控制在略大于最佳含水量。

8. 整形碾压

在直线段和不设超高的平曲线段，使用平地机从道路两侧向中间刮平；在设超高的平曲线段，由道路内侧向外侧刮平，然后使用链轨拖拉机或压路机在路面上进行碾压、整形。整形后使用前述方法再次碾压，对于局部低洼处，应先耙松表层5cm以上，再用新混合料找平，之后再次稳压找平。每次整形都应达到规定的坡度和路拱。

碾压过程中，应保持表面湿润，如果出现起皮、松散等现象，应及时翻松并重新添加适当的稳定材料，重新拌和，然后一起压实。碾压完成前，应迅速检测标高和横坡，对于高出设计标高的部位，可用平地机刮除；对于局部低洼处，留待铺筑其上层次时处理。

水泥稳定类混合料从掺拌水泥到碾压完成的时间，称为延迟时间。虽然在配合比设计和施工时选用了终凝时间较长的水泥，但是水泥是一种速凝性材料，施工时应在试验确定的延迟时间内完成碾压。碾压完成后，混合料基层应达到要求的压实度，且在表面没有明显轮迹。

9. 接缝处理

横向接缝：同日施工的路段衔接处，应采用搭接，即前一路段整形后，留 5～8m 不进行碾压，后一段施工时，将未碾压的部分与后一段一起碾压。第二天完成拌和作业之后，移去方木，用人工补充拌和靠近方木未能拌和的那段，并用混合料回填不足的部分，与正常施工段一起整形。

纵向接缝：稳定土基层施工时，应该避免纵向施工，确因无法封闭交通等必须纵向施工时，纵缝应垂直相接。

三、石灰稳定土施工

（一）石灰稳定土形成的原理

在土中掺入适当的石灰，并在最佳含水量下压实后，就发生了一系列的物理力学作用，也发生了一系列的物理化学作用，从而使土的性质发生了根本改变。石灰稳定土强度形成主要依靠离子交换作用、火山灰作用、碳酸化作用、结晶作用。

（二）石灰稳定土的材料要求

1. 土质

各种成因的亚黏土、亚砂土、粉土类土、黏土类土都可以用石灰来稳定。但要选用强度高还要易于粉碎，便于碾压成形的土质。实践证明，黏质土的强度较好，稳定效果显著。

2. 石灰

石灰消解后不能在空气中存放过久，以免碳化降低活性，要尽量缩短石灰的存放时间。在野外堆放时，应堆放成高堆，并使用篷布覆盖，避免风吹日晒。高速公路和一级公路应使用磨细生石灰粉。

3. 水

水应洁净，不含有害物质。一般人或牲畜饮用的露天水源均可用于石灰土施工。水是石灰稳定土的重要组成部分，具有以下作用：

①使石灰与土发生反应，从而提高强度。

②土的粉碎、拌和压实的必要条件，在最佳含水量下可达到最佳压实效果。

③养护时要保持一定湿度。

（三）石灰稳定土的施工流程

1. 准备工作

（1）准备下承层

当石灰稳定土用作基层时，应准备底基层；当石灰稳定土用作底基层时，应准备土基。底基层与土基都应按照规范进行验收，达到标准后，才能在上方铺筑石灰稳定土。

（2）测量

恢复底基层或土基的中线，直线段每隔15~20m设一桩，平曲线段每隔10~15m设一桩，并在对应断面的路肩外侧设指示桩，在两侧指示桩上用红漆标出石灰稳定土层边缘的设计高度。

（3）备料

①集料。应在预定采料深度范围内自上而下采集集料。如果分层采集，应将集料分层堆放在场地上，然后从前到后，将集料运到施工现场。

②石灰。石灰宜选在公路两侧宽敞而临近水源且地势较高的场地集中堆放。堆放时间较长时，应设棚存放。应在使用前7~10d充分消解石灰。消解后的石灰应保持一定的湿度，并尽快使用。

2. 运输

运输中应保持预定堆料的下层适当湿润；保持每辆车的运输数量基本相等；控制卸料位置，将集料按照计算距离进行卸置；掌握卸料程度，避免料过多或不足；料堆每隔一定距离应留缺口。

3. 摊铺

摊铺是将集料层与土层摊铺均匀，并进行碾压、整形，再将石灰均匀摊铺在集料层或土层上。摊铺宜采用人工摊铺石灰，路拌机械不能使石灰在混合料中分布均匀。

4. 拌和

应使用稳定土拌和机拌和集料，拌和深度应达到稳定层底部，并设专人跟随拌和机，随时检查拌和情况。一般情况下，应拌和2遍以上，避免素土夹层。

5. 洒水

在拌和过程中，应及时检查含水量，保持水分合适均匀。水量不足时，使用喷管式洒水车进行洒水。在洒水过程中，应及时清除超尺寸颗粒和局部过湿之处。洒水车不应停留在拌和路段，避免局部水量过大。

6. 整形

混合料拌和均匀后，应用平地机初平。在直线段，使用平地机从道路两侧向中间刮平；在平曲线段，由道路内侧向外侧刮平。然后用轮胎拖拉机、压路机或平地机碾压。

7. 碾压

当混合料处于最佳含水量时，应立即使用压路机进行碾压。碾压遵循先慢后快、先轻后重的原则。一般需要碾压6～8遍，以达到设计要求的密实度，表面无明显轮迹。禁止压路机在已完成的或正在碾压的路段上急刹车或掉头，以免稳定土表面受到损坏。碾压结束前，应使用平地机整平。

8. 养护

在石灰稳定土养护期间，应保持合适湿度。养护时间应大于7d。应根据具体情况采用洒水、覆膜、覆土、覆沙等养护措施。每次洒水时，应用压路机将表层压实。未采取覆盖措施的石灰稳定土层，除洒水车外，应封闭交通，采取覆盖措施；不能封闭交通时，通过时车速应小于30km/h。

第三节　沥青路面施工技术

一、沥青路面的选择

沥青混凝土是适合现代交通的一种优质高级面层材料。铺筑在坚硬基层上的优质沥青混凝土面层可使用20～25年，国外的重交通道路和高速公路主要采用这种面层形式。高速公路、一级公路的表面层、中面层、下面层应采用沥青混凝土；二级公路的表面层宜用沥青混凝土。

密级配沥青混凝土混合料（AC）适用于各级公路沥青面层的任何层次；沥青玛蹄脂碎石混合料（SMA）适用于铺筑新建公路的表面层、中面层或旧路面加铺磨耗层；设计孔隙率6%～12%的半开级配的沥青碎石混合料（AM）仅适用于三级及三级以下公路、乡村公路，且沥青混合料拌和设备缺乏添加矿粉装置和人工炒拌的情况；设计孔隙率3%～6%的粗粒式及特粗式密级配沥青稳定碎石混合料（ATB）适用于基层；设计孔隙率大于18%的粗粒式及特粗排水式沥青稳定碎石混合料（ATPB）适用于基层；设计孔隙率大于18%的细粒排水式沥青稳定碎石混合料（OGFC）适用于高速行车、多雨潮湿、不易被尘土污染、非冰冻地区铺筑排水式沥青路面磨耗层。开级配排水式沥青混合料基层（ATPB）的下卧层应具有排水和抗冲刷能力，工程上必须通过试验，取得成功的经验，并经过论证后使用。特粗式沥青混合料适用于基层，粗粒式沥青混合料适用于下面层或基层，中粒式沥青混合料适用于中面层和表面层，细粒式沥青混合料适用于表面层和薄层罩面。砂粒式沥青混合料适用于非机动车道或人行道路。对高速公路及一级公路，除沥青稳定碎石基层外，通常选用公称最大粒径为 13.2～26.5mm 的沥青混合料。沥青层较厚的公路，首先应保证路面各层的组合不发生早期破坏，其次考虑各层服务功能，具体包含以下几方面内容。

①表面层应具有良好的耐久、密水、抗压、抗滑等能力。在寒冷地区，表面层应具有良好的低温抗裂性能。

②双层式面层的下面层和三层式面层的中面层应具有抗高温、抗车辙性能。三层式面层的下面层除抗高温抗车辙性能外，还要具有抗裂、抗疲劳性能。

③高速公路的紧急停车带（硬路肩）沥青面层宜采用与车道相同的结构，但表面层宜采用密级配沥青混凝土混合料铺筑。

二、沥青路面施工要求

（一）施工测量

施工前及时进行工作面高程、横坡等测量，按设计给定的面层高程、厚度、横坡等指标进行测量，根据测量结果钉桩挂基准线，每 10m 钉一个桩，事先确定不同横坡段及渐变段，小弯道及超高部位每 5m 钉一个桩。拟定施工质量控制措施，并经测量专业工程师确认。

（二）工作面清理

在对路肩破损砼方砖处理完毕后，必须对工作面进行清理，达到工作面干净无杂物的要求。

（三）交通封闭

工作面清理完毕后必须断绝交通，除运料车辆外，完全封闭。然后组织专门人员对须做局部处理的地方进行处理。

（四）透层油喷洒

摊铺前对已验收的基层进行清扫，清除杂物后开始喷洒透层油，油量为 $1.0kg/m^2$，在透层油上撒铺石屑小料，进行滚动轮压，封闭交通48h，开始沥青砼摊铺。

（五）机械调配

摊铺机的全部操作应自动化，摊铺机应能自动找平，可通过传感器根据基准线测出横、纵坡度。施工时应至少配备3台摊铺机，2台使用，1台备用。基层和中低层施工宜使用多台同机型的摊铺机梯队联合作业，全宽一次完成，保证路面平整度。

（六）混合料运输

混合料运输可使用载重为20t左右的自卸汽车运输，每车必须备有苫布。运输车辆数量要保证施工现场有运料车等候卸料，供料连续，车辆型号尽量统一。车厢应涂刷适量的防黏剂，经外观和温度检验合格后方可运往摊铺现场。

（七）卸料的监管

卸料必须由专人指挥，混合料卸料揭开苫布前，经监理现场外观和温度检验合格后，方可进行摊铺。卸料车应缓慢倒车向摊铺机靠近，停在距摊铺机$0.3 \sim 0.5$m处，由摊铺机前行与之接触，两机接触后即可卸料，卸料车挂空挡，由摊铺机推动向前行驶，直至卸料完毕离去。每车料从生产到卸料时间应控制在8h内。

（八）混合料摊铺

在进行大面积正式铺筑前，一般要选择长度不小于200m且与铺筑路段条件相同的或相近的路段进行试验段施工。其目的是检验施工组织、施工工艺、机械设备与组合是否适宜，同时通过实验路段的铺筑确定摊铺系数、摊铺与碾压温度及碾压遍数等施工参数，还要验证沥青混凝土配合比质量。

（九）初期保护

铺筑层在碾压完毕尚未冷却到50℃以下前应暂不开放交通。如必须提前开放交通时，须洒水冷却强制降温。在开放交通前，应禁止重型施工机械，特别是重型压路机停放。在开放交通初期，应禁止车辆急刹车和急转弯。

三、沥青表面处置施工

（一）材料规格和用量

沥青表面处置可采用道路石油沥青、乳化沥青、煤沥青铺筑，沥青标号应按相关规定选用。沥青表面处置的集料最大粒径应与处置层的厚度相等。

(二) 施工程序与工艺

沥青表面处置施工应确保各工序紧密衔接，每个作业段长度应根据施工能力确定，并在当天完成。人工撒布集料时应等距离划分段落备料。三层式沥青表面处置的施工工艺应按下列步骤进行。

1. 清扫基层

在清扫干净的碎（砾）石路面上铺筑沥青表面处置时，应喷洒透层油。在旧沥青路面、水泥混凝土路面、块石路面上铺筑沥青表面处置路面时，可在第一层沥青用量中增加10%~20%，不再另洒透层油或黏层油。

2. 洒布沥青

沥青表面处置应使用沥青洒布车和集料撒布机配合作业。沥青洒布车在喷洒沥青时，应控制喷洒速度和数量，保持喷洒均匀。小规模喷洒可使用手工沥青洒布机洒布沥青。洒布设备的喷嘴应适用于沥青的稠度，确保其能形成雾状，不应出现花白条。

3. 撒布集料

主层沥青洒布后，应立即采用人工撒布或集料撒布机撒布第一次集料。应做到将集料撒布均匀，保持厚度一致，全面覆盖，不露出沥青，不重叠集料。集料过多的部分应及时扫出，缺料的部分应适当找补。沥青搭接处，第一层撒布应保留100~150mm宽度不撒布石料，待第二层一起撒布。

4. 压路机碾压

撒布集料后，应立即使用6~8t的钢筒双轮压路机由道路外侧向内侧碾压3~4遍，起始碾压速度不应超过2km/h，之后可适当增加。每次碾压轮机重叠约30cm。

5. 循环喷洒

第二层和第三层的施工程序及施工要求与第一层相同，可使用8t以上的压路机碾压。

四、沥青贯入式路面施工

(一) 材料规格和用量

①沥青贯入式路面的集料应选择有棱角、嵌挤性好的坚硬石料。当使用破碎砾石时，其破碎面应符合铺筑要求。

②沥青贯入层的主层集料中大于粒径范围平均值的粒料数量应大于50%，最大粒径应与

沥青贯入层厚度相当。当使用乳化沥青时，主层集料的数量应按照压实系数 1.25～1.30 计算，最大粒径应按照厚度的 0.8～0.85 倍计算。

③可使用乳化沥青、石油沥青及煤沥青作为贯入式路面结合料。

④应根据施工气温和沥青标号等规定条件，确定沥青贯入式路面中各层的沥青使用量。当施工气温较低时，沥青针入度较小，此时用量宜用高限。当施工气候较为潮湿，使用乳化沥青贯入时，上层应适当增加沥青用量，下层应适当减少沥青用量，保持总用量基本不变。

（二）施工程序与工艺

1. 施工准备

①施工前，路面基层应清扫干净，如需安装路缘石时，应先安装路缘石，安装后应进行遮盖。

②如果路面厚度不超过 5cm，应浇洒黏层或透层沥青。乳化沥青贯入式路面必须浇洒黏层或透层沥青。

2. 施工方法

①摊铺集料。使用摊铺机、平地机或者人工摊铺集料。集料摊铺后，采用 6～8t 的轻型钢筒式压路机由道路两侧向中间碾压。

②浇洒沥青。在使用乳化沥青贯入时，可先撒布一部分嵌缝料，防止乳液下漏严重，再浇洒沥青。

③撒布嵌缝料。使用集料撒布机或人工撒布嵌缝料。在使用乳化沥青贯入时，嵌缝料撒布应在乳液破乳之前完成。

④碾压。宜用 8～12t 的钢筒式压路机碾压 4～6 遍嵌缝料。如果因气温较高造成难以推移时，应停止碾压。

⑤循环洒、撒、压。按照上述方法浇洒第二层和第三层沥青，撒布嵌缝料，进行碾压。

⑥撒布封层料。使用撒布机或人工撒布封层料。

⑦最后碾压。使用 6～8t 的压路机最后碾压 2～4 遍。

⑧初期养护。开放交通后，应按照规范控制交通。

在铺筑上拌下贯式路面时，贯入层不撒布封层料，贯入部分使用乳化沥青时，应等待成形稳定后再铺筑拌和层。拌和层应紧跟贯入层施工，使上下层成为一体。当拌和层与贯入层不能连续施工时，贯入层应增加嵌缝料用量，在拌和层之前浇洒黏层沥青。

第四节 水泥混凝土路面施工技术

一、水泥混凝土路面材料要求

（一）水泥

选用水泥时，应与混凝土进行适应性试验，选择最合适的水泥品种。采用滑模摊铺机铺筑时，宜采用散装水泥。高温期施工时，散装水泥的入罐最高温度不宜高于60℃；低温期施工时，水泥进入搅拌缸前的温度不宜低于10℃。

（二）粗集料

混凝土粗集料种类根据岩石产状分类有叶岩、板岩、砂岩、块状岩石等。从粒形上分为碎石、破口石和卵石，有角状、片状、针状等形状。按岩石的表面结构可分为玻璃质、光滑、粒状粗糙、结晶、蜂窝状等。

再生粗集料可单独或掺配新集料后使用，但应通过配合比试验验证，确定混凝土性能满足要求后方可使用。粗集料与再生粗集料应根据混凝土配合比的公称最大粒径分为2～4个单粒级的集料，并掺配使用，不得使用不分级的统料。粗集料的压碎值、坚固性、针片状颗粒含量、含泥量、碱集料反应等物理力学指标应符合相关规定。

（三）细集料

水泥混凝土路面对粗集料的要求比沥青路面低，一般国内外所做的水泥混凝土路面不对粗集料的磨光值提出要求。对普通混凝土路面、钢筋混凝土路面与钢纤维混凝土路面表面的基本要求是不裸露粗集料，要求表面砂浆层充分包裹。细集料本身的硅质含量、细粉含量、颗粒度、稳定性的要求比其他土建工程结构要严格得多。机制砂宜采用碎石为原料，并用专用设备生产。

（四）混凝土用水

饮用水可直接用作混凝土用水。非饮用水应进行水质检验，并符合规定。

（五）粉煤灰

混凝土路面（包括碾压）应掺用Ⅰ、Ⅱ级干排或磨细粉煤灰，不得使用Ⅲ级粉煤灰。贫混凝土、碾压混凝土基层或复合式路面底层应掺用Ⅲ级以上粉煤灰，不得使用等外粉煤灰。

①在混凝土路面或贫混凝土基层中使用粉煤灰时，工作人员应确切了解所用水泥中已经加入的掺和料种类和数量。

②混凝土路面或贫混凝土基层中不得使用湿排粉煤灰、潮湿粉煤灰或已结块的湿排干燥粉煤灰。

③路面混凝土中使用粉煤灰必须有适宜掺量控制。在高速公路水泥混凝土路面上要根据所使用的水泥种类决定掺灰量。

④粉煤灰在混凝土配合比计算中应采用超掺法，超掺系数应根据所用的粉煤灰等级确定。超掺的意思是大于1的部分应代替并扣除砂量。

（六）外加剂

滑模摊铺机施工的水泥混凝土面层应采用引气高效减水剂。高温施工混凝土拌和物的初凝时间短于3h时，宜采用缓凝引气高效减水剂；低温施工混凝土拌和物终凝时间长于10h时，应采用早强引气高效减水剂。

有抗冰（盐）冻要求时，各级公路水泥混凝土面层基暴露结构物混凝土应掺入引气剂；无抗冻要求的二级及二级以上公路水泥混凝土面层宜掺入引气剂。路面水泥混凝土往往需要掺减水剂，以满足施工规范规定的最大单位用水量要求。减水剂应与水泥进行化学成分适应性检验。若化学成分不适应，必须更换减水剂品种。剂量不适应，则应进行减水剂不同掺量的混凝土试验，找到所用水泥的减水剂最佳掺量。外加剂的产品质量应符合规定。

（七）钢筋

混凝土路面、桥面和搭板所用钢筋网、传力杆、拉杆等钢筋应符合国家有关标准的技术要求，钢筋应顺直，不得有裂纹、断伤、刻痕、表面油污和锈蚀。传力杆钢筋加工应锯断，不得挤压切断，断口应垂直、光圆，用砂轮打磨掉毛刺，并加工成2～3mm圆倒角。

二、水泥混凝土路面小型机具施工技术

（一）模板架设

1. 模板的技术要求

（1）钢制模板

公路混凝土面板的施工模板应优先选择钢制模板，其通常具备足够的刚度，不易变形。模板厚度与面板厚度相同，长度为3～5mm。每个模板需要设置一处支撑固定装置。

(2) 木制模板

低等级公路水泥混凝土路面板施工时，边模可用木制。模板厚度为 4～8cm，但在弯道和交叉路口路缘处，可减薄至 1.5～3.0cm，以便弯成弧形。模板高度应与混凝土板厚相等。对企口式纵缝，模板应做成相应的凸榫圆槽，待拆模后将拉杆回直，再浇筑另一侧混凝土板。

(3) 端头模板

横向施工缝端模板应为焊接钢制或槽钢模板，并按设计规定的传力杆走向和间距，设置传力杆插入孔和定位套管。横向施工缝端头模板上的传力杆设置精确度要求较高，施工定位精确度不足时，传力杆将损坏水泥路面。

2. 模板架设与安装

(1) 测量放样

在支模前，应先进行测量放样。每隔 20m 设一中心桩，每隔 100m 设一临时水准点，并核对高程、面板分块、胀缝和构造物位置。

(2) 曲线支模

纵横曲线路段应使用短模板。每块模板中点安装在曲线切点上，以便顺畅过渡曲线。

(3) 模板架设

在摊铺混凝土之前，应先将两边模板安装好。在安装模板时，按放线位置把模板放在基层上，用水准仪检查其高度，沿模板两侧用铁钎打入基层以固定模板。铁钎间距，内侧一般为 1.0～1.5m，外侧 0.5～1.0m。外侧铁钎顶端应稍低于模板顶高，以便混凝土振捣器和夯板的操作。为增进模板的稳定性，可设置立柱支撑，立柱支撑借助斜支撑和横卧在木板上的横支撑来固定，其间距为 50cm。横卧木板两侧也用上述铁钎固定在基层上。

(4) 模板检查

模板架设后，应对模板安装情况进行检验，其安装精度应符合规定。其中，安装规定偏差是施工机械或机具所要求的偏差，不同施工方法应满足各自规定。只有规定偏差在任何情况下均小于要求，方可在交工和竣工验收时，顺利通过验收。

(5) 涂隔离剂

模板达到安装精度要求后，应涂抹隔离剂。接头应使用塑料薄膜或胶带进行密封，以便拆模。

(6) 模板拆除

①当混凝土抗压强度不低于设计强度的 70% 时方可拆模。当缺乏强度实测数据时，边侧模板的允许最早拆模时间宜符合规定。

②应使用专用拨楔工具拆卸模板，不得损坏板角、板边和拉杆等周围的混凝土，禁止

使用大锤强击拆卸模板。

③拆下的模板应将黏附的砂浆清除干净，并矫正变形或局部损坏。

（二）传力杆安装

当胀缝无须设置传力杆时，可先在胀缝处安装一个高度等同于混凝土板并与路拱表面形式相同的木模板，用钢钎固定。浇筑一侧混凝土后去除木模板，在混凝土侧壁下部贴上接缝板，并放置压缝板条。当缝下须设置垫枕时，应事先将垫枕做好。

当胀缝须设置传力杆时，一般做法是在接缝板上预留圆孔以便穿过传力杆，上面设置木制或铁制压缝板条，其旁再放一块胀缝模板，按传力杆位置和间距，在胀缝模板下部挖成倒 U 形槽使传力杆由此通过。当路面宽度为奇数车道时，中央接缝板、压缝板和胀缝模板均应做成与路拱相同的形状，模板旁也应以钢钎固定。为防止传力杆在混凝土浇捣过程中移动，可将其两端分别用长不大于一个车道宽度、直径 14~16mm 的钢筋来固定，传力杆与钢筋可用铅丝绑扎或焊接在一起，随即浇捣胀缝一侧混凝土至传力杆的高度，然后浇捣另一侧混凝土。

（三）混凝土摊铺

①在混凝土摊铺之前，应全面检查模板、钢筋、拉杆、传力杆等安设情况，并用厚度标尺板检测板厚，符合设计要求时才能进行摊铺。

②混凝土拌和物的松铺系数应在 1.10~1.25。如果拌和物偏干，应取较高值；如果拌和物偏湿，则取较低值。

③出于特殊情况导致拌和物无法立即振实时，应废弃混凝土拌和物，并在已摊铺好的面板端头设置施工缝。

（四）混凝土振实

1. 振捣棒振实

①每一车道路面应使用两根振捣棒，在待振横断面上连续振捣密实。施工时须注意路面内部、边角及板底不得漏振。

②振动板的移动间距应依据其作用半径而定，一般应小于 500mm，避免碰撞钢筋、模板和传力杆等。振捣棒在一个位置的持续时间应大于 30s，以拌和物全面振动液化，不泛水泥浆为移动标准。

③禁止使用振捣棒在拌和物中拖拉和推行振捣。振捣棒的插入深度应距离基层 30~50mm。

④应随时检查振捣棒振实效果，并设人工及时补料，如出现模板、钢筋、传立杆、拉杆等移位现象，应及时纠正。

2. 振动板振实

①每幅路面应配备一块振动板。在振捣棒振实后，可用振动板纵横交错全面提浆振实。

②应配备2人移位振动板。振动板在一个位置的振捣时间应大于15s。

③缺料部位应辅以人工补料找平，多余部位应及时铲除。

3. 振动梁振实

①振动梁要具有足够刚度，并安装深度约4mm的粗集料压实齿，以保证砂浆厚度。

②振动梁振实应拖行2～3遍，使路面泛浆均匀平整。在整平过程中，料多的部位应铲除，缺料的部位应及时填补。

③为保证路面密实度和均匀性，防止漏振和欠振，振捣器的数量应与路面宽度相匹配。

（五）整平饰面

①滚杠提浆整平。振动梁振实后，应使用滚杠往返拖2～3遍。开始应缓慢短距离地拖、推，然后适当增加距离，匀速拖滚。

②抹面机压浆整平饰面。滚杠提浆整平后，应使用抹面机压实整平路面，或者使用3m的刮尺，将路面整平。

③精整饰面。路面整平后，应修补缺边，清除黏浆，将抹面机留下的痕迹用抹刀抹平。精整饰面后的路面应无痕迹、致密均匀。

（六）模板拆除

模板拆除时间应根据混凝土的强度增强情况及气温决定。模板拆除时，应保持模板完好，避免混凝土边角损坏，应等到混凝土板达到设计强度时，才能开放交通，禁止拆模后立即开放交通。如果遇到特殊情况需要提前开放交通时，应使混凝土板的强度至少达到设计要求的80%，车辆荷载不应大于设计荷载。

（七）接缝施工

1. 填缝工艺

隔离缝和胀缝应在填缝之前，去除接缝板顶部嵌入的木条，涂黏结剂，贯入填缝料或胀缝专用多孔橡胶条。由于胀缝的变形量很大，胀缝中的填缝料不宜使用各种易溶型填缝材料。

2. 灌缝工艺

①填缝前清缝。为保证填缝前接缝清洁干燥，施工时可采用 0.5MPa 的压力空气或压缩水流，清洗缝槽。有灰尘的缝壁，填缝料黏结不牢，达不到防水密封效果。

②灌缝料灌塞。灌缝料灌塞前，要先挤压嵌入直径 9～12mm 多孔泡沫塑料背衬条，再灌缝。灌缝料要根据规范建议选用，即一级公路使用树脂、橡胶和改性沥青类填缝材料，二、三级公路可用热灌沥青和胶泥类填缝材料。

③灌缝料养生。常温反应固化型及加热施工填缝料均需要封闭交通进行养生。

第三章 路基施工技术

第一节 路基施工技术概述

路基工程作为整个公路工程的重要组成部分，也是路面工程的主要承载体，直接影响公路的稳定性、路面的平整度和耐久性。

公路路基施工具有复杂性和唯一性，且容易受自然条件和地质条件的影响。近年来，公路路基施工质量事故屡见不鲜，保证路基工程施工质量，有利于提高整个公路工程的施工质量，促进路面施工的顺利进行，防止因路基出现质量问题而发生返工，从而保证按照进度计划顺利完成公路工程施工任务。

所以，必须强化施工技术和施工质量安全的管理措施，把路基施工作为公路建设过程中的重点对象，进行有效的控制与监督，以提高路基施工水平，保证路基质量，进而提高整个公路工程质量。

路基施工质量的不稳定、不规范会直接导致路基施工后发生过大的差异化沉降、开裂、塌方等质量事故，给人民财产及生命安全带来重大威胁。

每一个公路路基建设人员均应牢记建设使命，不负广大人民的重托，切实提高路基规范化施工意识，加强施工质量管理，完善工作责任制度，全面落实公路工程施工技术规范及验收标准，将建设优质工程作为一切工作的中心。

一、公路路基的类型及构造

通常根据公路路线设计确定的路基高程与天然地面高程是不同的，路基设计高程高于天然地面高程时，须进行填筑；路基设计高程低于天然地面高程时，须进行挖掘。由于填挖情况的不同，路基横断面的典型形式有路堤、路堑和填挖结合3种类型。

路基横断面在横方向由行车道、中间带、硬路肩和土路肩组成，各部分的宽度与道路等级、设计行车速度等有关。公路工程路基设计时，根据规范选用不同的数值。

路基横断面竖向由路面和狭义的路基组成，路面以下部分的路基根据材料和使用要求又可分为上路床、下路床、上路堤和下路堤。

二、公路路基施工图

公路路基施工图一般有路基标准横断面图、路基设计通用图、路基横断面设计图3种主要类型。其中，路基标准横断面图是对路基整体设计及各功能区的全景展示；路基设计通用图是在路基标准横断面图的基础上对全线不同类型的路基进行分类后在设计范围内使用的通图；路基横断面设计图是对线路上某个具体的里程断面处路基的设计高程及几何尺寸进行的详细标示。

第二节 填方路基施工技术

填方路基又称路堤，是指路基设计高程大于原地面高程的路基。根据填方路基的高度不同，又可分为低路堤、一般路堤和高路堤；根据其边坡挡土墙的设置情况，又可分为不设挡土墙路堤与设挡土墙路堤。

填方路基施工的主要工作程序：拟订路基填筑方案、选择路基填筑机械、路基填筑试验及正式施工。

一、路基填筑方案

（一）填筑方法

路基填筑的常规方法有水平分层填筑、纵向分层填筑、横向填筑及联合填筑。其中，水平分层填筑是应用最广且施工质量最好的一种方法，高速公路、一级公路及铺设高级路面的其他等级公路的路基填筑均应采用水平分层填筑法施工。

（二）填筑的一般要求

①性质不同的填料，应水平分层、分段填筑，分层压实。同一水平层路基的全宽应采用同一种填料，不得混合填筑。每种填料填筑层压实后的连续厚度不宜小于500 mm。填筑路床顶最后一层时，压实后的厚度应不小于100 mm。

②对潮湿或冻融敏感性小的填料应填筑在路基上层。强度较小的填料应填筑在下层。在有地下水的路段或临水路基范围内，宜填筑透水性好的填料。

③在透水性不好的压实层上填筑透水性较好的填料前，应在其表面设2%～4%双向横坡，并采取相应的防水措施。不得在由透水性较好的填料所填筑的路堤边坡上覆盖透水性不好的填料。

④每种填料的松铺厚度应通过试验路段获得,一般为1.3。

⑤每一填筑层压实后的宽度不得小于设计宽度。

⑥路堤填筑时,应从最低处起分层填筑,逐层压实;当原地面纵坡大于12%或横坡陡于1∶5时,应按设计要求挖台阶,或设置坡度向内并大于4%、宽度大于2 m的台阶。

⑦填方分几个作业段施工时,接头部位如不能交替填筑,则先填路段,应按1∶1坡度分层留台阶;如能交替填筑,则应分层相互交替搭接,搭接长度不小于2 m。

二、路基填筑机械

路基填筑施工常用的机械有挖掘机、推土机、装载机、平地机、压路机、自卸汽车及洒水车等。

三、路基填筑试验段

下列情况下,应进行试验路段施工:

①二级及以上公路路堤。

②填石路堤、土石路堤。

③特殊地段路堤。

④特殊填料路堤。

⑤拟采用新技术、新工艺、新材料的路基。

试验路段应选择在地质条件、断面形式等工程特点具有代表性的地段,路段长度不宜小于100 m,以确定路基预沉留量、路基宽度内每层填料的虚铺厚度、合适的压实方式及机械组合、确定压实遍数等。路堤试验段结束后,应进行技术总结并形成成果报告,该成果报告应包括以下内容:

①填料试验、检测报告等。

②施工测量成果。

③压实工艺主要参数:机械组合、压实机械规格、松铺厚度、碾压遍数、碾压速度、最佳含水量及碾压时含水量允许偏差等。

④过程质量控制方法、指标。

⑤质量评价指标、标准。

⑥优化后的施工组织方案及工艺。

⑦原始记录、过程记录。

⑧对施工设计图的修改建议等。

四、土质路堤施工技术

土质路堤施工是公路路基施工的一项重要内容，其详细的工艺流程步骤如下：

（一）施工准备

①路基开工前，应在全面理解设计要求和设计交底的基础上，进行现场调查和核对。

②在详尽的现场调查后，应根据设计要求、合同、现场情况等，编制实施性施工组织设计，并按管理规定报批。

③路基开工前必须建立健全质量、环保、安全管理体系和质量检测体系，并对各类施工人员进行岗位培训和技术、安全交底。

④临时工程应满足正常施工需要，应保证路基施工影响范围内原有道路、结构物及农田水利等设施的使用功能。

（二）测量放样

①路基施工前，应对原地面进行复测，核对或补充横断面，发现问题时应进行处理。

②路基施工前，按设计逐桩坐标恢复路线中桩，计算坡脚位置并在两侧各加宽 30～50 cm 撒出路基边线，作为填土边缘控制线。同时应设置标示桩，对路基用地界、路堤坡脚、取土坑、护坡道、弃土堆等具体位置进行标示。

③对高填路段，每填 3～5 m 或一个边坡平台应复测中线和断面。

④施工过程中，应保护好所有控制桩点，并及时恢复被破坏的桩点。每项测量成果必须进行复核，原始记录应存档。

（三）原地面处理

路基范围内的原地基应在路基施工前按下列要求进行处理：

①稳定的斜坡上，地面横坡缓于 1∶5 时，清除地表草皮、腐殖土后，可直接填筑路堤；地面横坡为 1∶5～1∶2.5 时，原地面应挖台阶，台阶宽度不应小于 2 m。当基岩面上的覆盖层较薄时，宜先清除覆盖层再挖台阶；当覆盖层较厚且稳定时，可予保留。

②陡坡地段、土石混合地基、填挖界面、高填方地基等都应按设计要求进行处理。

③地基表层应碾压密实。对于一般土质地段，高速公路、一级公路和二级公路路堤基底的压实度（重型）不应小于 90%，三、四级公路不应小于 85%。低路堤应对地基表层土进行超挖、分层回填压实，其处理深度不应小于路床深度。

④原地面坑、洞、穴等应在清除沉积物后，用合格填料分层回填分层压实，压实度符合规定。

⑤对于泉眼或露头地下水，应按设计要求，采取有效导排措施后方可填筑路堤。

⑥地基为耕地、土质松散、水稻田、湖塘、软土、高液限土等时，应按设计要求进行处理，局部软弹部分也应采取有效的处理措施。

⑦地下水位较高时，应按设计要求进行处理。

⑧陡坡地段、土石混合地基、填挖界面、高填方地基等都应按设计要求进行处理。

（四）填料的选择

公路路基填料首先应满足路基强度和回弹模量的要求，其次应结合土石方调配设计对移挖作填、集中取（弃）土、填料改良处理等方案进行技术经济比较，充分利用挖方材料，节约土地，选择挖取方便、压实容易、强度高、水稳定性好的土体作为路基填料。

①宜优先选用级配较好的砾类土、砂类土等粗粒土作为填料，填料的最大粒径应符合规定。

②含草皮、生活垃圾、树根、腐殖质的土严禁作为填料。

③泥炭、淤泥、冻土、强膨胀土、有机质土及易溶盐超过允许含量的土，不得直接用于填筑路基；确需使用时，必须采取技术措施进行处理，经检验满足设计要求后方可使用。

④季节性冻土地区路床及浸水部分路堤不应直接采用粉质土填筑。

⑤液限大于50%、塑性指数大于26、含水量不适宜直接压实的细粒土，不得直接作为路堤填料；需要使用时，必须采取技术措施进行处理，经检验满足设计要求后方可使用。

⑥粉质土不宜直接填筑于路床，不得直接填筑于冰冻地区的路床及浸水部分的路堤。

⑦浸水路堤、桥涵台背和挡土墙背宜采用渗水性良好的填料。在渗水材料缺乏的地区，采用细粒土填筑时，可采用无机结合料进行稳定处置。

⑧填料最小承载比和最大粒径，应符合规定。

（五）土方运输

土方运输采用挖掘机装车，自卸车运输。为防止运输途中水分散失、扬尘及遗撒，应对运输车辆进行覆盖，并及时对便道进行洒水，减少环境污染。

（六）分层摊铺

路基分层摊铺须严格按照"划格上土，挂线施工，平地机整平"的工序。

①放线和标高控制。沿线路方向每20 m采用全站仪放出线路中桩和填筑边线（宽度按设计宽度每侧加宽30～50 cm），用石灰或旗杆进行标示。用水准仪测出该层填铺厚度

控制桩的标高,在路基两侧边缘沿纵向每20 m打一长70 cm边桩,并用红白漆每10 cm交错标注,按设定的松铺厚度挂线,以控制标高。

②画网格,控制虚铺厚度。根据运输车每车的方量和设定的松铺厚度,通过计算确定单车的卸土面积,按照卸土面积用石灰在下承层上画网格,以便运输车辆按照顺序倾倒填料。

③上料。运输车辆到达现场后,由现场施工员进行指挥,严格按照标示卸放,每网格内倾倒一车填料以控制填料厚度。若按设计图纸,路堤结构中有土工格栅、土工布等土工织物,应先按照设计及规范要求在上料前铺设土工织物,并在上料过程中注意保护土工织物的完整性。

④控制填料含水量。按照填料室内试验,填料施工含水量控制在最佳含水量±2%以内。填料含水量较低时,采用洒水措施;填料含水量较高时,翻松晾晒。

⑤粗平。填料上足后,采用推土机进行摊铺,纵向50~60 m为一个摊铺段,同时人工配合机械对局部进行找平和补料。

⑥精平。粗平完成后,采用平地机精平作业。

⑦集料窝、带处理。在每摊铺段完成后由压路机静压一遍,人工查找集料窝并进行处理,对局部级配较差的填料进行现场拌和。

(七) 分层碾压

①按碾压方法(式)分为重力压实(静压)和振动压实2种。

②按照试验段成果完善后的路基填筑方案确定的压实机械及其组合、压实遍数及压实速度进行碾压。碾压应坚持初压(静压1~2遍)、复压(振动2~6遍)及终压(静压1~2遍)的步骤,遵循"先轻后重、先慢后快、先两边后中间,弯道地段先内侧后外侧"的原则,轮迹重叠1/3~1/2,直到达到规范规定的压实度。压实机械对土进行碾压时,一般以慢速效果最好,除羊足碾或凸块式碾外,压实速度以2~4 km/h最为适宜。羊足碾的速度可以快些,在碾压黏土时最高可达12~15 km/h。

③碾压应在路基全宽范围内,纵向分行进行。纵向分段压好后,进行第二段压实时,其在纵向接头处的碾压范围宜重叠1~2 m,以确保接头处平顺过渡。

④碾压一段终了时,宜采取纵向退行方式继续第二遍碾压,不宜采用掉头方式,以免因机械掉头时搓挤土,使压实的土被翻松。故压路机始终要以纵向进退方式进行压实作业。

⑤碾压应从路基边缘向中央进行,压路机轮外缘距路基边应保持安全距离。

⑥碾压不到的部位应采用小型夯实机夯实,防止漏夯,要求夯击面积重叠1/4~1/3。

（八）分层检验

路基填土压实质量检测随分层填筑碾压施工分层检测，每一压实层压实度检验合格后方可填筑上一层，压实度标准符合要求。否则应查明原因，采取措施进行补压。

①用灌砂法、灌水（水袋）法检测压实度时，取土样的底面位置为每一压实层底部；用环刀法试验时，环刀中部处于压实层厚的1/2深度；用核子仪试验时，应根据其类型，按说明书要求办理。

②检测频率为每 1 000 m² 至少检验 2 点，不足 1 000 m² 时检验 2 点，必要时可根据需要增加检验点。

（九）路床精加工

当路堤填筑接近于路床高程时，要逐步控制填土厚度，并使顶面最后一层的压实厚度不小于 10 cm。

精平时采用平地机精平，光轮振动压路机压实，反复进行，直到检测数据全部满足技术规范要求为止。

对已精平、完工的路基进行交通管理，避免在雨季车辆行驶造成路基表面破坏。

（十）路基整修

每填筑完一段路堤并稳定后，及时进行边坡清理，削去超宽填筑部分，并进行防护工程以及排水沟砌筑，避免路堤坡脚受雨水冲刷。雨天施工时，随挖、随运、随铺、随压。每层填土筑成 2%～4% 排水横坡，当天填筑的土层当天完成压实。路堤表层及边坡应加以整理，不得有积水存在。路堤表层含水量接近正常时，方可继续填筑。在整个路堤施工期间，如路基填筑周期较长，应做好临时路基排水设施，保证排水畅通。

（十一）交工验收

路堤填筑至设计高程并整修完成后，其施工质量应符合要求。

五、填石路堤施工技术

填石路堤是指用粒径大于 37.5 mm、含量超过总质量 70% 石料填筑的路堤。

（一）填料的选择

①山区填石路堤最为常见，石料来源主要是路堑和隧道爆破后的石料。

②硬质岩石、中硬岩石可用作路床、路堤填料；软质岩石可用作路堤填料，不得用于路床填料；膨胀性岩石、易溶性岩石、易风化崩解性岩石和盐化岩石等不得用于路堤填筑。

风化岩石和软质岩石填筑路堤时，路床应采用硬质岩碎石或其他符合要求的材料填筑，并应采取路堤边部包边封闭或加筋、底部设置排水垫层、顶部设置防渗层等措施，防止填石路堤产生湿化变形。

软弱地基上填石路堤，应与软土地基处理设计综合考虑。

③填石路堤顶部最后一层填料铺筑层厚不得大于 0.4 m，填料粒径不得大于 150 mm，其中小于 4 mm 细料含量不应小于 30%，且铺筑层表面应无明显孔隙、空洞。填石路堤上部采用其他材料填筑时，可视需要设置土工布作为隔离层。

④路床范围应用符合要求的土填筑，填料粒径应小于 100 mm。

（二）填筑方法

1. 分层压实法

自下而上水平分层，逐层填筑，逐层压实，是普遍采用并能保证填石路堤质量的方法。二级及以上公路的填石路堤应分层填筑压实。高速公路、一级公路和铺设高级路面的其他等级公路的填石路堤均应采用此方法。

2. 竖向填筑法（倾填法）

以路基一端按横断面的部分或全部高度自上而下倾卸石料，逐步推进填筑。其主要用于三、四级公路且铺设低等级路面的公路，也可用于陡峻山坡施工特别困难或大量以爆破方式开挖填筑的路段，以及无法自下而上分层填筑的陡坡、断岩、泥沼地区和水中作业的填石路堤。

3. 冲击压实法

利用冲击压实机的冲击碾周期性、大振幅、低频率地对路基填料进行冲击，压密填方。它具有分层法连续性的优点，又具有强力夯实法压实厚度深的优点。其缺点是在周围有建筑物时，使用受到限制。

4. 强力夯实法

用起重机吊起夯锤从高处自由落下，利用强大的动力冲击，迫使岩土颗粒位移，提高填筑层的密实度和地基强度。该方法机械设备简单，击实效果显著，施工中无须铺撒细粒料，施工速度快，有效解决了大块石填筑地基厚层施工的夯实难题。对强夯施工后的表层松动层，采用振动碾压法进行压实。

(三) 填石路堤施工工艺流程

在公路工程施工中，水平分层填筑是填石路堤的常用方法。限于篇幅，本书仅介绍采用水平分层填筑法施工填石路堤的工艺流程步骤如下：

1. 施工准备

填石路堤施工前，应先修筑试验路段，确定满足孔隙率标准的松铺厚度、压实机械型号及组合、压实速度及压实遍数、沉降差等参数。

路床施工前，应先修筑试验路段，确定能达到最大压实干密度的松铺厚度、压实机械型号及组合、压实速度及压实遍数、沉降差等参数。

2. 测量放样

按照设计图纸及施工工艺要求，采用全站仪或GPS放样道路中线及边线，并钉设边桩及中桩，以此作为控制上料厚度及宽度。

3. 分层摊铺

采用方格网法上料，按水平分层、先低后高、先两侧后中央卸料，并采用大功率推土机摊平。个别不平处应配合人工用细石块石屑找平。

岩性相差较大的填料应分层或分段填筑。严禁将软质与硬质石料混合使用。

4. 边坡码砌

中硬、硬质石料填筑路堤时，应进行边坡码砌，码砌边坡的石料强度、尺寸及码砌厚度应符合设计要求。设计无要求时，码砌厚度宜为 $1\sim 2m$，码砌石块最小尺寸不应小于 300 mm。边坡码砌与路基填筑宜基本同步进行。

5. 碾压

填石路堤碾压应采用重型压实机进行碾压。碾压程序及碾压方法应参照试验段获得的相关数据执行。

6. 质量检验

①上下路堤的压实质量检验。填石路堤的压实质量标准宜采用孔隙率作为控制指标。施工压实质量可采用孔隙率与压实沉降差或施工参数（压实功率、碾压速度、压实遍数、铺筑层厚等）联合控制。

填石路堤施工过程中，每一压实层可用试验段确定的工艺流程和工艺参数控制压实过程，用试验路段确定的沉降差指标检测压实质量。

②填石路堤填筑至设计高程并整修完成后，其施工质量应符合规定。

③填石路堤成形后，路基边线与边坡不应出现单向累计长度超过 50 m 弯折，上边坡

不得有危石。

六、土石路堤施工技术

土石路堤是指石料含量占总质量 30%~70%的土石混合材料修筑的路堤。

(一) 填料要求

①膨胀岩石、易溶性岩石等不宜直接用于路堤填筑,崩解性岩石和盐化岩石等不得直接用于路堤填筑。

②天然土石混合填料中,中硬、硬质石料的最大粒径不得大于压实层厚的 2/3;石料为强风化石料或软质石料时,其 CBR 值(指试料贯入量达 2.5mm 时,单位压力对标准碎石压入相同贯入量时标准荷载强度的比值,用百分数表示)应符合规范规定,石料最大粒径不得大于压实层厚。

(二) 施工技术

土石路堤施工技术及工艺流程与填石路堤施工技术及工艺流程相类似,只是个别细节处理有特殊要求,具体如下:

1. 基底处理

土石路堤基底处理,除满足土质路堤基底处理的要求外,在斜、陡坡地段,土石路堤靠山一侧应按设计要求做好排水和防渗处理。

2. 摊铺碾压

①施工前,应根据土石混合材料的类别分别进行试验路段施工,确定能达到最大压实干密度的松铺厚度、压实机械型号及组合、压实速度及压实遍数、沉降差等参数。

②土石路堤不得采用倾填,应分层填筑压实。

③土石混合材料来自不同料场,其岩性或土石比例相差较大时,宜分层或分段填筑。

④压实后透水性差异大的土石混合材料,应分层或分段填筑,不宜纵向分幅填筑;如确须纵向分幅填筑,应将压实后渗水良好的土石混合材料填筑于路堤两侧。

⑤碾压前应使大粒径石料均匀分散在填料中,石料间孔隙应填充小粒径石料、土和石碴。

⑥压实机械宜选用自重不小于 18 t 振动压路机。

⑦中硬、硬质石料的土石路堤应进行边坡码砌,码砌边坡的石料强度、尺寸及码砌厚度应符合设计要求。边坡码砌与路堤填筑宜基本同步进行。软质石料土石路堤边坡按土质路堤边坡处理。

⑧填料由土石混合材料变化为其他填料时，土石混合材料最后一层压实厚度应小于300 mm，该层填料最大粒径宜小于150 mm。压实后，该层表面应无孔洞。

七、高路堤施工技术

高路堤是指填土的边坡高度大于20 m的路基。

（一）填料选择

高路堤填料宜优先采用强度高、水稳性好的材料，或采用轻质材料。受水淹、浸的部分，应采用水稳性和透水性均好的材料。

（二）基底处理

①基底承载力应满足设计要求。特殊地段或承载力不足的地基应按设计要求进行处理。
②覆盖层较浅的岩石地基，宜清除覆盖层。

（三）填筑施工

高填方路堤填筑应符合下列规定：
①施工中应按设计要求预留路堤高度与宽度，并进行动态监控。
②施工过程中宜进行沉降观测，按照设计要求控制填筑速率。
③高填方路堤宜优先安排施工。

八、桥涵及结构物回填

（一）回填范围

一般规定桥台及涵洞背部填土加强区段的长度为：自台背面起，顶面长度不小于台高加2 m，底面长度不小于2 m；拱桥台背填土长度应不小于台高的3~4倍。挡土墙背部填土长度不得小于1 m。

（二）填料选择

填料应采用设计要求的填料，不应含有有机物、冰块、草皮、树根等杂物或生活垃圾，其化学及电化学性能应符合锚杆、拉杆、筋带的防腐和耐久性要求。严禁采用膨胀土、高液限黏土、腐殖土、盐渍土、淤泥和冻土块等不良填料。

（三）基坑回填

基坑回填必须在隐蔽工程验收合格后方可进行。基坑回填应分层填筑、分层压实，分层厚度宜为 100～200 mm。二级及以上公路采用小型夯实机具时，基坑回填的分层压（夯）实厚度不宜大于 150 mm，并应压（夯）实到设计要求的压实度。

（四）施工机械

由于台背后施工空间有限，大型施工机械无法全覆盖作业，因此，台背回填应采用人工辅以小型夯实机械辅助施工。

（五）台背及与路堤间回填

台背及与路堤间的回填施工应符合以下规定：

①台背回填部分的路床宜与路堤路床同步填筑。

②二级及以上公路应按设计做好过渡段，过渡段路堤压实度应不小于96%，并应按设计做好纵向和横向防排水系统。

③二级以下公路路堤与回填连接部，应按设计要求预留台阶。

④桥台背和锥坡回填施工宜同步进行，一次填足并保证压实整修后能达到设计宽度要求。

⑤涵洞洞身两侧应对称分层回填压实，填料粒径宜小于 150 mm。

⑥两侧及顶面填土时，应采取措施防止压实过程对涵洞产生不利后果。

第三节 挖方路基施工技术

挖方路基又称路堑，是指路基设计高程低于原地面高程的路基，通过对原有山体土石方的开挖而形成。

挖方路基是由天然地层构成的。天然地层在生成和演变的长期过程中，一般具有复杂的地质结构。处于地壳表层的挖方路堑边坡施工破坏了原有山体的平衡且施工过程受到各种自然和人为因素，包括水文、地质、气候、地貌、设计与施工方案等影响，比路堤边坡更容易发生变形和破坏，施工风险性更高。

工程实践证明，路基开挖过程中施工方案选择不合理，边坡太陡，废方堆弃太近，草皮栽种、排水不良、护面铺砌及挡土墙施工不及时等都会引起路堑边坡失稳、滑塌、崩塌及落石，严重时影响整个工程进度。因此，路基挖方施工应根据挖方量、土石质情况、土石方调配方案、运距和施工要求编制施工方案，经过经济与技术比较合理选择开挖方法。

①对于土质路堑、软石及强风化岩石路堑的开挖方法，根据路堑深度和纵向长度，结合土石方调配，开挖可选择机械采用横挖法、纵挖法和纵横混合开挖法。硬质岩石地段宜优先选择爆破开挖，条件限制时可采用机械破碎方式开挖。

②短而深的土质路堑采用分层横向开挖法，每层 2 m 左右。采用挖掘机、装载机配合自卸汽车运土，边开挖边修整边坡。

③长而深的土质路堑采用纵挖法，先沿路堑纵向挖掘通道，然后将通道向两侧拓宽。上层通道拓宽至路堑边坡后，再开挖下层通道，如此纵向开挖至路基标高。

④土质路堑开挖较浅，采用单层或双层横向全宽掘进方法，对路堑整个宽度，沿路线纵向一端或两端向前开挖。

⑤土质路堑采用纵向台阶开挖，较平缓地段上的浅路堑可不分层开挖，深路堑地段采用纵向分台阶开挖，从上到下分层依次进行。开挖时从上而下，纵向开挖。如果岩层走向接近于线路方向、倾向与边坡相同且小于边坡时，逐层开挖，不得挖断岩层，并采取减弱施工震动的措施；在设有挡土墙的上述地段，采取短开挖或跳槽开挖法施工，并设临时支护。

⑥土质路堑开挖接近基面后准确修理成形，部分路堑开挖后稳定性差，易坍塌和风化，设计上常采取不同类型地挡护和边坡防护。对此应根据具体情况进行开挖，一般应分段竖向开挖到位，及时施工挡护防护工程，或进行临时挡护防护，禁止拉长槽施工。

⑦石方路堑施工采用钻爆法施工，对深路堑采取深孔爆破和浅孔分台阶爆破相结合的方法，浅路堑采取浅孔爆破。对能用机械直接开挖的软石、土质路堑则采取机械开挖与人工配合开挖。

⑧路堑施工与填方施工相结合，路堑开挖中性能符合要求的弃渣可移挖作为填方填料，性能好的片石可以用于浆砌圬工施工。

⑨整个路堑开挖施工中，结合路堑不同类型并考虑施工要求，选择合适的施工技术类型，并严格遵循开挖施工工艺流程，综合应用机械开挖和人工开挖相结合的方法，为施工任务顺利完成奠定基础。

一、土质挖方路基施工技术

（一）开挖方法

1. 横向挖掘法

横向挖掘法分为单层横向全宽挖掘法和多层横向全宽挖掘法。

采用单层横向全宽挖掘法时，须利用一台挖掘机，使其位于道路中心位置，左、右分别挖土，按断面全宽一次性挖掘至设计高程，边挖边沿中线移动，使路堑一次成形。这种方法适用于挖掘深度小、工程量较小、工作面较窄且较短的路堑。

多层横向全宽挖掘法和单层横向挖掘法基本相同，一层挖完后再挖下层，分层挖掘至设计高程。该方法主要适用于深、短且较窄的路堑。

2. 纵向挖掘法

对于土方比较集中的深路堑，可采用多层纵向挖掘法。先沿路堑挖一通道，然后将该通道向两侧拓宽扩大工作面，该通道可作为运土路线和场内排水的出路。该层拓宽至路堑边坡后，再开挖下层，直至挖至设计高程。该法适用于较长、较深且两端纵坡较小的路堑开挖。当路堑过长时，也可分段纵挖，即将路堑分成两段或数段，各段分别安排多个施工队伍，同时按上述方法组织纵向开挖。纵向挖掘法可以使用推土机、铲运机施工，也可使用装载机或挖掘机配合自卸汽车施工。

3. 混合式挖掘法

混合式挖掘法是将横向挖掘法与纵向挖掘法相结合，适用于路堑纵向长度和挖深都很大时，先将路堑纵向挖通后，然后沿横向坡面挖掘，以增加开挖坡面。

（二）施工工艺流程

施工前根据设计文件，首先恢复中线并进行现场调查，根据地形、路堑断面及长度，确定合理的开挖方式。然后结合现场实际与设计要求，修建临时排水设施，并考虑与永久排水设施相结合。

填料路堑在雨季施工时，集中力量快速施工，工作面随时保持大于4%坡度。路堑边坡不得受水浸泡、冲刷。

土质路堑施工工艺流程步骤如下：

1. 施工准备

（1）现场核对

工程开工前，根据现场调查资料对设计文件进行核对，内容主要包括地形地貌、挖方数量、取弃土场位置、土方利用等。

（2）分析土体的稳定性

土体的稳定与否直接关系到路堑边坡的稳定。因此，施工前必须做好土体稳定性分析，如土体结构和构造、土的密实度、潮湿程度等。对土体进行分析后，根据既有施工经验复核设计边坡是否满足稳定性要求，最后确定施工方案。

(3) 布置施工便道

根据现场地形确定机械进出便道路线并修筑。便道修筑应满足施工机械和运土车辆转弯半径及会车、正常行驶要求。

2. 测量放线

根据复测资料放出开挖边线桩，放线时定位准确，两侧各预留 0.2～0.3 m 不开挖，待开挖后进行人工刷坡。

路堑边坡开挖边线放线必须在对原地面复测后进行，否则会造成开挖后路槽宽度不满足设计要求的情况。

3. 施工排水系统

开挖前，首先按设计位置做好堑顶排水系统（如截水沟、天沟），待排水系统完善后再进行路堑开挖。截水沟与边沟应从下游向上游开挖。截水沟通过地面坑凹处时，应将凹处填平夯实。截水沟及边沟开挖后，应及时进行防渗处理，不得渗漏、积水和冲刷边坡及路基。

4. 开挖

①可作为路基填料的土方，应分类开挖分类使用。

②根据土石方调配方案和施工顺序，选择最佳挖方作业面，优先选用横向全宽挖掘法、逐层顺坡自上而下开挖的办法施工，不得乱挖、超挖，严禁掏底开挖。

③以机械施工为主，运土距离较近时，采用推土机作业；运距较远时，采用推土机配合挖掘机、装载机挖土装车，自卸汽车运至路基填方路段或弃土点。

④当机械开挖至靠近边坡 0.2～0.3 m 时，改为人工修坡。须设圬工防护工程的边坡，在防护工程开工前留置保护层，待防护圬工施工时刷坡。对于不设圬工防护的边坡，每 10 m 边坡范围插杆挂线、人工刷坡。

⑤开挖过程中，应采取措施保证边坡稳定。开挖至边坡线前，应预留一定宽度，预留宽度应保证刷坡过程中设计边坡线外的土层不受到扰动。

⑥路基开挖中，基于实际情况，如需修改设计边坡坡度、截水沟和边沟位置及尺寸时，应及时按规定报批。边坡上稳定的孤石应保留。

⑦开挖至零填、路堑路床部分后，应尽快进行路床施工；如不能及时进行，宜在设计路床顶标高以上预留至少 300 mm 厚保护层。

⑧应采取临时排水措施，确保施工作业面不积水。

⑨挖方路基路床顶面终止标高，应考虑因压实而产生的下沉量，其值通过试验确定。

⑩挖方路基施工遇到地下水时应按下列规定处理：

a. 应采取排导措施，将水引入路基排水系统。不得随意堵塞泉眼。

b. 路床土含水量高或为含水层时,应采取设置渗沟、换填、改良土质、土工织物等处理措施,路床填料应具有良好的透水性能。

5. 路槽整修

接近堑底时,按设计横断面放线,开挖修整压实,并挖好侧沟,疏通排水。边坡刷好后及时进行边坡防护和排水工程施工。

当开挖接近路基施工标高时,采用人工配合推土机施工到达设计标高后及时对基底土质情况进行检测,不合规范要求的应换填。路堑施工要做到路基表面平整、密实,曲线圆顺、边线顺直、边坡坡面平顺稳定、无亏坡、边沟整齐、沟底无积水或阻水现象。

6. 检查验收

土质路堑开挖施工质量检验。

二、石质挖方路基施工技术

石方路堑是公路工程中一种常见的情况,通常具有开挖工程量大、施工作业条件困难及周围环境复杂等特点,常常成为公路工程项目施工的关键性及控制性工程。因此,石方路堑施工应根据实际工程地质条件及作业环境合理地选择施工方法。

石方路堑通常采用机械开挖法、静态破碎法和爆破开挖法进行施工。

①机械开挖法:使用带有松土器的重型推土机破碎岩石,一次破碎深度为 0.6～1.0 m。该法适用于施工场地开阔、大方量的软岩石方工程。优点是没有钻爆工序作业,不需要风、水、电辅助设施,简化了场地布置,加快了施工进度,提高了生产能力;缺点是不适于破碎坚硬岩石。

②静态破碎法:将膨胀剂放入炮孔内,利用产生的膨胀力,缓慢地作用于孔壁,经过数小时至24h 达到 300～500 MPa 压力,使介质裂开。该法适用于在设备附近、高压线下以及开挖与浇筑过渡段等特定条件下的开挖。优点是安全可靠,没有爆破产生的公害;缺点是爆破效率低,开裂时间长。

③爆破开挖法是当前广泛采用的开挖施工方法,有薄层开挖、分层开挖、全断面一次开挖和特高梯段开挖等方式。

机械开挖法和静态破碎法施工方法简单,工艺成熟,施工安全,风险较小,在此不做详细介绍。本节主要介绍施工危险性较大的爆破开挖法。

(一) 基本要求

根据岩石条件、开挖尺寸、工程量和施工技术要求,通过方案比较拟定合理的方式。其基本要求如下:

①保证开挖质量和施工安全。
②符合施工工期和开挖强度的要求。
③有利于维护岩体完整和边坡稳定性。
④可以充分发挥施工机械的生产能力。
⑤辅助工程量少。

（二）爆破器材

爆破器材主要包括工业炸药和起爆器材2大类。

工业炸药又称为民用炸药，是由氧化剂、可燃剂和其他添加剂等组分按照氧平衡的原理配制，并均匀混合制成的爆炸物。通常采用的工业炸药有硝化甘油炸药、铵梯炸药、铵油炸药、乳化炸药、水胶炸药及其他工业炸药。

起爆器材是能够受外界很小能量激发，即能按设定要求发火或爆炸的元件、装置或制品。它的作用是产生热冲能或爆炸冲能，同时伴有高温高速气体、灼热颗粒、金属飞片等，并能够传给火药或炸药，将其点燃或引爆，特殊场合也可作为独立能源对外做功。起爆器材分为起爆材料和传爆材料两大类。火雷管（已禁用）、电雷管、磁电雷管、导爆管雷管、继爆管及其他雷管属于起爆材料；导火索、导爆索、导爆管等属传爆材料。

电雷管是在火雷管中架设发电火装置而成。它是用电线传输电流，使装在雷管中的电阻发热而引起雷管爆炸。

（三）爆破方法及其分类

1. 按药包形状

按照药包形状，分为集中药包法、延长药包法、平面药包法、异形药包法。

（1）集中药包法

从理论上讲，这种药包的形状应该是球形体，起爆点从球体中心开始，爆轰波按辐射状以球面形式向外扩张，爆炸以均匀的分布状态作用到周围的介质上。长方体的最长边不超过最短边的2倍。

（2）延长药包法

炸药包做成长条形，可以是圆柱状，也可以是方柱状，通常药包长度要大于17～18倍药包直径。

（3）平面药包法

直接将炸药敷设在介质表面，因此，爆炸作用只是在介质接触药包及附近表面上，大多数能量散失在空气中，产生的爆轰波可看作平面波。

（4）异形药包法

将药包做成特定形状，以达到特定的爆破作用。

2. 按装药方式与装药空间形状

按装药方式与装药空间形状不同，分为药室法、药壶法、炮孔法、裸露药包法。

（1）药室法

是指在山体内开挖坑道、药室，装入大量炸药的爆破方法，一次能爆破下的土石方数量几乎是不受限制的，在每个药室里装入的炸药可多达千吨以上。

（2）药壶法

是指在深 2.5～3.0 m 以上的炮眼底部用小量炸药经一次或多次烘堂，使眼底成葫芦形，将炸药集中装入药壶中进行爆破。

（3）炮孔法

根据钻孔孔径和深度不同，把孔深大于 5 m、孔径大于 75 mm 的炮孔称为深孔爆破，反之称为浅眼爆破。

（4）裸露药包法

无须钻孔，直接将炸药包贴放在被爆物体表面进行爆破的方法。它在清扫地基的破碎大孤石和对爆下的大块石做二次爆破等方面具有独特作用，仍然是常用的有效方法。

3. 按爆破效果

按爆破效果，分为定向爆破、预裂爆破、光面爆破、微差控制爆破。

（1）定向爆破

是一种加强抛掷爆破技术，它利用炸药爆炸能量的作用，在一定条件下，可将一定数量的土岩经破碎后，按预定的方向抛掷到预定地点，形成具有一定质量和形状的建筑物或开挖成一定断面。

定向爆破主要是使抛掷爆破最小抵抗线方向符合预定的抛掷方向，并且在最小抵抗线方向事先造成定向坑，利用空穴聚能效应集中抛掷，这是保证定向的主要手段。在大多数情况下，形成定向坑的方法都是利用辅助药包，让它在主药包起爆前先爆，形成一个起走向坑作用的爆破漏斗。如果地形有天然的凹面可以利用，也可不用辅助药包。

（2）预裂爆破

是进行石方开挖时，在主爆区爆破之前沿设计轮廓线先爆出一条具有一定宽度的贯穿裂缝，以缓冲、反射开挖爆破的震动波，控制其对保留岩体的破坏影响，使之获得较平整的开挖轮廓。预裂爆破可以广泛地运用在垂直、倾斜、规则的曲面及扭曲面上。

（3）光面爆破

也是控制开挖轮廓的爆破方法之一，它与预裂爆破的不同之处在于光爆孔的爆破是在开挖主爆孔的药包爆破之后进行。它可以使爆裂面光滑平顺，超欠挖均很少，能近似形成设计轮廓要求的爆破。光面爆破一般多用于地下工程开挖，露天开挖工程中用得比较少，只是在一些有特殊要求或者条件有利的地方使用。光面爆破的要领是孔径小、孔距密、装药少、同时爆。

（4）微差控制爆破

是一种应用特制的毫秒延期雷管，以毫秒级时差顺序起爆各个（组）药包的爆破技术。其原理是把普通齐发爆破的总炸药能量分割为多数较小的能量，采取合理的装药结构、最佳的微差间隔时间和起爆顺序，为每个药包创造多面临空条件，将齐发大量药包产生的地震波变成一长串小幅值的地震波，同时各药包产生的地震波相互干涉，从而降低地震效应，把爆破振动控制在给定水平之下。爆破布孔和起爆顺序有成排顺序式、排内间隔式（又称 V 形式）、对角式、波浪式、径向式等，或由它组合变换成的其他形式，其中以对角式效果最好，成排顺序式最差。

微差控制爆破能有效地控制爆破冲击波、震动、噪声和飞石；操作简单、安全、迅速；可近火爆破而不造成伤害；破碎程度好，可提高爆破效率和技术经济效益。但该设计较为复杂；需特殊的毫秒延期雷管及导爆材料。微差控制爆破适用于开挖岩石地基、挖掘沟渠、拆除建筑物和基础，以及用于工程量与爆破面积较大，对截面形状、规格、减震、飞石、边坡坡面等有严格要求的控制爆破工程。

（四）爆破设计

1. 爆破设计原则

①有利于降低成本消耗。
②有利于施工作业安全和确保周围被保护对象的安全。
③选择参数合理，确保工程质量，提高爆破效果。

2. 爆破设计程序

（1）爆破设计工艺流程

爆破部位→基本情况→确定基本参数→计算孔网参数→绘制图表→形成设计文件。

（2）明确爆破部位

爆区所在工程名称、爆破部位、爆破方量、炸药用量、爆破时间等。

（3）掌握基本情况

熟悉施工图技术要求、掌握爆区地形地质条件、掌握爆区周围环境情况，以及所有安全、质量保护对象的控制标准和控制措施。

(4) 确定基本参数

确定梯段高度、钻孔直径、钻孔倾角、爆破器材品种、炸药单耗、单响起爆药量等。

(5) 计算孔网参数

计算孔深、孔距、排距、底盘抵抗线、装药直径、单孔药量、堵塞长度、装药结构、布孔形式、网络结构、延时顺序、段间时差、起爆总持续时间、起爆方式、安全距离、爆破地震安全震动速度等参数。

(6) 绘制相关图表

爆区位置平面图、爆破参数有关示意图、爆破参数汇总表、爆破器材用量表等。

(7) 爆破设计文件

将上述爆破设计内容汇集，加上目录、封面和报审单等，汇编成爆破设计文件。

3. 爆破设计审批程序

爆破设计文件→项目爆破责任工程师审签→项目总工程师审定或审批→监理人审批。

监理人审批：规定监理人审批范围的爆破设计。

项目总工程师审定或审批：对报监理人审批的爆破设计进行审定，对规定由项目部审批的爆破设计进行审批。

（五）路基爆破施工工艺

路基爆破施工工艺流程步骤如下：

1. 测量放样及定开口线

根据设计资料，复核路基中桩，根据实际地面标高确定开口线位置，用白灰撒开口线。经驻地监理工程师核查、审批后方可施工。

2. 布设炮孔

炮孔标定必须按照设计好的爆破参数准确地在爆破体上进行标示，不能随意变动设计位置。布孔前应先清除爆破体表面积土和破碎层，根据施工测量确定的边坡线，从边坡光面爆破孔开始标定，然后进行其他孔位布置。布孔完成后，应认真进行校核，实际的最小抵抗线应与设计的最小抵抗线基本相符。

3. 钻制炮孔

在钻孔过程中，应严格控制钻孔的方向、角度和深度，特别是边坡光面爆破孔的倾斜度应严格符合设计要求。孔眼钻进时应注意地质的变化情况，并做好记录。遇到夹层或与表面石质有明显差异时，应及时同技术人员进行研究处理，调整孔位及孔网参数。钻孔完成后，及时清理孔口浮渣，清孔直接采用胶管向孔内吹气。吹净后，应检查炮孔有无堵孔、卡孔现象，以及炮孔的间距、眼深、倾斜度是否与设计相符。若和设计相差较多，应对参数适当调整；如果可能影响爆破效果或危及安全生产，应重新钻孔。先行钻好的炮孔用编织袋将孔口塞紧，防止杂物堵塞炮孔。

4. 装药

装药前，要仔细检查炮孔情况，清除孔内积水、杂物。装药过程中应严格控制药量，把炸药按每孔的设计药量分好，边装药边测量，以确保装药密度符合要求。为确保能完全起爆，起爆体应置于炮孔底部并反向装药。

5. 堵塞

堵塞物用黏土和细沙拌和，其粒度不大于 30 mm，含水量为 15%～20%（一般以手握紧能使之成形，松手后不散开，且手上不沾水迹为准）。药卷安放后立即堵塞，首先塞入纸团或塑料泡沫，以控制堵塞段长度（光爆孔口预留 1～1.5 m，主爆孔口预留 2～2.5 m），然后用木棍分层压紧捣实，每层以 10 cm 左右为宜，堵塞中应注意保护好导爆索。

6. 爆破覆盖

它是控制飞石的重要手段，施工中采用两层草袋覆盖，先在草袋内装入砂土，覆盖后将排间草袋用绳子连成一片。草袋覆盖时要注意保护好起爆网络。爆破石方表面是土或风化沙砾时，必须保留表土或风化沙砾 10～50 cm，以减少草袋覆盖。

7. 连接起爆网络

根据设计的起爆网络图进行起爆电雷管、火雷管起爆网络连接，连接好后，进行网络检查。检查完全无问题后进入起爆程序。

8. 起爆

整个起爆过程中由专人统一指挥，起爆前对整个警戒区内进行全面安全检查。确保无安全隐患后，由指挥人发出三次预警。在第三次预警哨声发出时，爆破员立即进行起爆工作。应由专人清点爆破雷管数量，以便检查雷管是否全部起爆。

9. 检查和解除警戒

起爆完成 15 min 后，由专业技术人员进入爆破现场进行检查，主要检查雷管和炸药是否全部爆炸。如果出现哑炮、拒爆、盲爆等情况，要采取措施进行处理。在完全无安全隐患后，报告指挥人员发出指令解除警戒。

10. 爆破石方清运

每次爆破完毕后，组织人员和机械进行爆破石方清运工作。挖掘机把石方清除后，测量标高，高出设计标高的要进行铲出，无法用挖掘机挖掉的大块石方必须再进行布孔二次爆破，直到符合设计要求。低于标高的要进行回填碾压，碾压到施工规范的压实度，达到设计标高为止。边坡表面的破碎岩石要全部清除掉，按设计要求进行刷坡。

(六)质量控制措施和标准

1. 质量控制措施

①收集现场的各种数据,加以分析,对各种爆破方式进行比较,制订最优方案。

②对爆破所需的各种器材进行严格检查,必须有出厂合格证书,方可使用。

③所有的爆破施工技术人员和现场操作人员必须进行上岗培训,并取得资格证书,方可进行爆破作业。

④对起爆顺序和起爆方式进行多次分析和比较,以达到最佳效果。在现场施工时,起爆网络要严格按要求和规范进行连接,在使用电雷管和导爆索之前要进行检测,无问题后才能使用。

⑤加强对装药过程的控制:严格按设计药量来控制,不能少装或多装,间隔段填筑物要均匀,按岩石粉自然密度填装,不能捣实,堵塞长度要按要求操作。

⑥在爆破前要检查起爆网络,无问题后方可施爆。

⑦做好防潮和防水措施。

2. 质量标准

①检测方法、标准、频率。

②外观鉴定:边坡上不得有松石;路基边线直顺,曲线圆滑。

第四节　路基坡面防护施工技术

坡面防护主要是保护路基边坡表面免受雨水冲刷,减缓温差及温度变化的影响,防止和延缓软弱岩土表面的风化、碎裂、剥蚀演变进程,从而保护路基边坡的整体稳定性,兼顾美化路容,协调自然环境,形成良好的景观效果。

一、喷播植草

喷播植草技术是一种全新概念的生态环保技术,它是以工程力学和生物理论为依据,既具有一定强度,起到边坡防护作用,替代传统的浆砌石护坡或喷射混凝土护坡,又能在边坡上营造适合植物生长的环境,达到绿化边坡的目的,超越传统浆砌石护坡或喷射混凝土护坡无法实现恢复生态环境、绿化边坡的功能。其可用于坡率不陡于1:1的土质边坡防护。当边坡较高时,植草可与土工网、土工网垫结合防护。

它是以水为载体的植被建植技术,首先将配置好的种子(如紫穗槐、扁穗冰草)、植物基材（如腐殖土、泥炭土、锯末）、复合肥、保水剂、生根粉、土壤稳定剂、根瘤菌剂等与水充分混合后，再用高压喷枪均匀地喷射到土壤表面。喷播后的混合物在土壤表面形成一层膜状结构，能有效地防止种子被冲刷，并保证在较短时间内植株迅速覆盖地面，以达到稳固边坡和绿化美化的目的。近年来，该技术已广泛应用于水利、公路、铁路等基础工程建设的边坡防护与绿化，也由于在实际施工中常采用液压喷射机械，因此习惯上也称之为液压喷播植草。

（一）喷播植草的优点

喷播植草技术的功效是人工所不能比拟的。相对传统的草坪建植技术而言，它的先进性主要表现在以下几方面：

1. 机械化程度高

液压喷播主要利用喷播机械并用机动车牵引完成操作，是比较先进的草坪建植技术。

2. 效率高

省工省时，劳动强度低：喷播将施肥、草种混合、草种覆盖、稳固表土等一系列工作，可通过机械化作业一次性完成。

3. 科技含量高

喷播将草种、肥料和包裹材料融为一体，体现了生物种植的科学性、先进性，是草坪种植技术的一次革命。液压喷播尤其对坡面植草适用效果好。

液压喷播植草因草种被纸浆纤维包裹，同时纸浆纤维蓄水蓄肥，不断供给草种发芽的水分；而黏合剂把包裹在纸浆中的草种紧紧黏附在土壤表面，形成稳定的坪床，避免降水时造成水土和种子的流失。为预防暴雨冲蚀，在喷播后须覆盖丙纶无纺布，雨滴不直接冲打溅击地表土壤及喷播材料，而强降雨形成的地表径流也从无纺布上流走，保证了喷播材料和坡面土壤的稳定性。

（二）施工技术要点及施工工艺

喷播植草施工工艺流程步骤如下：

1. 草种选择及处理

喷播植草种的选择与当地气候、降雨量、土壤酸碱度、有机质含量等因素有关，宜选择适合当地生长、固土效果好、耐旱、抗寒、抗霜、抗土壤酸碱性强、耐贫瘠等生长快、生命力强、适合管理粗放、防护和绿化效果好的草籽，如高羊茅（抗寒、耐盐碱、须根入土深）、紫羊茅（耐旱）、白三叶（耐贫瘠、耐酸性）、扁穗冰草（耐干旱、寒冷、适合粗放管理）、无芒雀麦（耐碱能力强、抗寒、耐干旱）、中华结缕草（耐旱、耐贫瘠、耐盐碱）、狗牙根（根系发达、抗寒、耐干旱）及多年生黑麦草、紫花苜蓿、沙打旺等。以上草籽按填料的物理力学性质及土壤肥力和施工季节可分别选择三四种冷暖季相结合的草籽，并掺入与草籽生长相适宜、后期生长快、经催芽处理的灌木种子（如紫穗槐）等，以植草为先期防护，灌木待两三年长成后再发挥防护作用。

喷播植草应选择地温、气温、降雨、风向、风速等条件适宜草种生长的春、秋季施工，气温低于12℃不宜进行喷播作业。草种应进行必要的预处理，灌木种也应进行催芽处理，以保证种子发芽快、成活率高。

2. 清理坡面

施工前，对坡面进行处理，使用机械结合人工整理绿化施工现场，清除边坡上的施工废弃物和大的石块、树根、塑料及其他有碍植物生长的杂物。适当平整坪床，使其平整度达到有利于灌溉、排水、形成美观整齐的程度。

现场种植土中如含有有害成分，则应采用客土或改良土壤的技术措施。场地有积水的地方应整平或挖排水沟将水引走。在坡面上进行喷播，喷播前最好能喷足底水，以保证植物生长。

3. 挂网

如设计要求对坡面进行挂网处理，则应按照设计要求采用机编镀锌铁丝网从坡顶沿坡面顺势铺下，铁丝网应伸出坡顶50 cm。若坡顶截水沟未修筑，最好置于坡顶浆砌石底下，在坡底也应有20 cm铁丝网埋置于平台填土中。铺设时拉紧网，铺平顺后，根据需要采用不同厚度的混凝土垫块，以使铁丝网与坡面的距离保持3～5 cm，网与网之间搭接宽度为15 cm。

4. 喷植混合料

液压喷播植草的主要机械设备为喷植机、高压泵体、抽水机、高压喷料枪及喷料软管、洒水车等。

准备工作就绪后，利用喷植机将混合均匀的有机基材喷于坡面，喷射应尽可能从正面进行，凹凸部分及死角部位要喷射充分。喷射平均厚度为8～10 cm，其中铁丝网上要保证有3～5 cm基材。根据边坡的岩性可调整喷射厚度，以保证有机基材提供草坪生长所需的养分及水分。

喷播时先加水至罐的1/4处，开动水泵，使之旋转，再加水，然后依次加入种子、肥料、保水剂、纸纤维黏合剂等。搅拌5～10 min使浆液充分混合后，方可喷播。按设计及规范要求选用基材（腐殖土、泥炭土、锯末），选配肥料、种子、覆盖料、土壤稳定剂、根瘤菌剂等与水充分搅拌混合均匀后喷射于坡面。

5. 覆盖无纺布

在喷播表面覆盖一层无纺布，以避免或减少因强降水造成对种子的冲刷，同时也减少边坡表面水分的蒸发，从而进一步改善种子的发芽、生长环境。

6. 养护

草坪植物虽然适应性强，但仍然是"三分种，七分养"，因此，应特别重视草坪养护。南方雨水较多，可用无纺布（$16\sim18~g/m^2$）覆盖以防止雨水冲刷，北方可用草帘覆盖。覆盖的目的有：一是防止雨水冲刷；二是防止水分蒸发过快；三是保温利于种子发芽。喷播后如未下雨则每天浇水以保持土壤湿润，2个月覆盖率可达90%以上，成坪后可逐渐减少浇水次数。在养护期间应随时观察草坪的水肥情况，水分主要是看根系土壤的湿润程度。在草坪成坪后由于其自身形成了一层草毯，对土壤中的水分散失有一定的保护性。

7. 验收

①草本植物种子的质量不应低于规定的二级标准，木本植物种子的质量不应低于规定的二级标准。需要确定合适的种子用量后方可进行大规模施工。

②喷播绿化采用的植物品种及种子配比应满足设计要求。

③喷播绿化实测项目应符合规定。

④喷播绿化外观质量上，不得有连续空秃、冲沟侵蚀。

二、铺草皮

铺草皮是提前在路基工程范围外合适的场地进行草皮种植，待草皮生长达到一定要求后，将草皮切成整齐的块状或条状，然后运输至施工工点，铺设在边坡坡面的一种边坡防护方式。铺草皮适用于坡率不陡于1∶1的土质边坡或全风化、强风化的岩石边坡防护，且边坡高度不宜过高，一般不超过8 m，其能够快速形成绿化景观效果。

铺草皮施工工艺主要为草皮种植、边坡修整、草皮铺设、施工期养护、养护管理期养护、竣工验收移交。

在公路工程路基边坡防护方法中，仅在土路肩等个别部位少量使用，基本不采用此方法，本书不再做详细介绍。

三、种植灌木

灌木是指没有明显主干的木本植物，植株一般比较矮小，不会超过6 m，从近地面的地方就开始丛生出横生的枝干，都是多年生，一般为阔叶植物，也有一些针叶植物是灌木，如刺柏。如果越冬时地面部分枯死，但根部仍然存活，第二年继续萌生新枝，则称为"半灌木"。

多数灌木小巧且生命力强,公路工程中常用来做边坡绿化,装点公路。

(一) 施工总体要求

种植时相邻植株规格搭配合理,高度、干径、树形相似,苗木直立不倾斜,并注意观赏面的合理朝向。有方向性树种与原移植的方向一致。株行距均匀、树形丰满的一面向外。按苗木高度、树干大小搭配均匀。

(二) 灌木种植施工工艺

1. 土壤处理

种植前进行以控制土壤传播病菌、地下害虫及在土壤中的害虫为主的杀菌灭虫处理和除草处理。

土壤施肥:表层施肥以施基肥为主,可采用发酵干鸡粪粉末施入。土壤灭虫:主要杀灭寄生虫在土壤内的地下害虫。

2. 整地

按设计标高平整地形,整理出排水坡度。自然地形按自然起伏坡度整地,但应注意不得有积水处。灌木栽植前,须挖土整地,捣碎土块,捡净砖石、瓦块、玻璃碴、草根等杂物。挖土深度为 $30 \sim 40$ cm,并施加适量有机肥作基肥混合翻耕。

3. 定点放线

栽植前要定点放线。定点放线要以设计提供的标准点为依据;应符合设计图纸要求,位置要准确,标记要明显。

4. 苗木运输

带土球或湿润地区带宿土裸根苗木及上年花芽分化的开花灌木不宜做修剪,当有枯枝、病虫枝时应予剪除。枝条茂密的大灌木,可适量疏枝。对于嫁接灌木,应将接口以下的砧木萌生枝条剪除。对于分枝明显、新枝着生花芽的小灌木,应顺其树势适当进行强剪,促进新枝生长,更新老枝。攀缘类和蔓性苗木可剪除过长部分,攀缘上架苗木可剪除交错枝、横向生长枝。修剪直径 2 cm 以上大枝及粗根时,截口必须削平并涂防腐剂。

装、运、卸和假植苗木的各环节均应保护好苗木,轻拿、轻放,必须保证根系和土球完好,严禁摔坨。

5. 种植

种植的苗木品种、规格、位置、树种搭配应严格按设计施工。种植苗木本身应保持与地面垂直,不得倾斜。

大灌木采取200 ppm生根粉液喷根或灌根，常绿灌木树冠喷抗蒸腾剂，以提高苗木成活率。

6. 浇水

新植树栽后24 h内浇第一遍水，此次水量不宜过大、应浇透，以后转入后期养护。

种植的深浅应合适，一般与原土痕平或略高于地面5 cm左右。种植的深浅应选好主要观赏面方向，并照顾朝阳面。一般树弯应尽量迎风，种植时要栽正扶直，树冠主尖与根在一垂直线上。

四、喷混植生

喷混植生技术是以岩土工程学和植物学理论为依据，利用客土掺入一定量的混合材料，在坡面上先利用锚杆加固铁丝网，然后运用喷播机械将含有种植土、植物种子、保水剂等的混合材料喷射到边坡表面上，形成10～20 cm厚并有一定孔隙的土壤复合体。种子可以在复合体中生根、发芽、生长。而这样的复合体又具有一定强度，可以防止雨水冲刷与侵蚀。经过一段时间，植物生长起来后，通过植被的防护作用从而达到恢复边坡的植被、改善景观、保护环境的目的。它是集岩土工程学、植物学、土壤学、环境生态学等多门学科于一体的植被恢复技术。其技术核心在于混合材料的合理配置。它在边坡表面上营造一个固体、气体、液体三相分布合理，既能让植物生长发育，又可以防冲刷的多孔稳定结构。

（一）结构构造

喷混植生植被护坡体系主要由锚网结构、客土混合物及护坡植物3部分组成。各部分的主要作用如下：

1. 锚网结构

由锚杆及铁丝网构成。锚杆一般采用 $\phi 16\sim 24$ mm钢筋，长度为50～150 cm不等。为了便于挂网，锚杆外露长度为10 cm，其余均采用砂浆锚固在岩体内。锚杆的作用除锚固局部不稳定岩体外，还可以将铁丝网固定在坡面上，形成中空框架结构，便于容纳客土。铁丝网则通常采用10～14号焊接铁丝网，其主要作用就是将客土稳定地包裹在坡面上。

2. 客土混合物

由有机质、植物纤维、种植土、保水剂、复合肥等及植物种子按一定的比例组成，它是植物生长的基础。

3. 护坡植物

一般采用容易获得的草本及灌木作为先锋植物，先在坡面上营造一个适宜植物生长的环境，等待乡土植物入侵形成稳定的植物群落后，通过植物茎叶的水文作用及根系的力学作用实现对浅层岩土体加固的目的。

（二）施工工艺流程

喷混植生施工工艺步骤如下：

1. 边坡清理

按设计的坡率、坡高、平整度修整路基边坡坡面，人工清理坡面浮石、浮土等，并且做到处理后的坡面斜率一致、平整，无大的凸出石块与其他杂物存在。对于光滑岩石，采取挖凿横向平行沟等措施进行加糙处理，以免基材下滑，使其有利于基材和岩石表面的自然结合。对于较大的凹坑，采用片石嵌补与坡面齐平。

2. 锚杆施工

锚杆采用 $\phi 12$ 或 $\phi 14$ 钢筋制作，分为长锚杆和短锚杆，间隔布置。根据岩层完整程度、坡度确定其打设深度，锚杆外露端设置 90° 弯钩，外露部分刷防锈漆防锈。

测量放样确定锚杆打设位置，用红油漆做出标志。根据打设深度选择风钻进行钻孔，用高压风将孔中岩粉吹出，再将锚杆插入孔内，杆头伸出坡面 3～6 cm，弯钩朝向坡面上方，以便挂网，然后用水泥砂浆将锚杆孔内腔灌满填实。

3. 铺设镀锌拧花网

铁丝网可采用 12 号、14 号或 16 号镀锌铁丝网，网孔为 8 cm×8 cm 或 8 cm ×12 cm。将其从坡顶沿坡面顺势铺下，铺设时网应拉紧，铺平顺后将网挂在锚杆上，用连接件或铁丝锁紧，并根据需要采用不同厚度的混凝土垫块，使铁丝网与坡面保持 3～6 cm 的距离。完成网与锚杆的连接工作后，要严格检查铁丝网与锚杆连接的牢固性，确保网与坡面形成稳固的整体。

4. 喷射基材

喷射混合物由绿化基材、种植土壤、水泥、纤维及锯末与混合草种按一定的比例组成，经强制式搅拌机拌和而成，拌和时间不小于 1 min。该配合比应经过对现场的气候环境条件、边坡结构类型、土壤条件等调查进行室内、现场试验确定。

种植土壤，选择工程所在地原有地表土或附近农田土，粉碎后过 8 mm 筛，含水量不超过 20%。纤维，就地取秸秆、树枝等粉碎成 10～25mm 长。绿化基材，要能够提供植被生长期必需的平衡养分，有机质含量不小于 200 mg/kg，有效钾含量为 200 mg/kg，有效磷含量为 200 mg/kg。混合料掺入水泥，可以在喷布后形成一定强度，提高边坡防冲刷能力。

造浆时加入一定的锯末，可以在混合料内形成一定的蜂窝状结构，改善混合料透气、保水性能。混合草种，草种首选禾本科，其次选一定数量的豆科、藤木、灌木和矮生树。禾本科可以采用高羊茅、草地早熟禾、黑麦草等"先锋"草籽，灌木类可采用紫穗槐等品种。具体项目应结合施工现场环境进行选择确定。

准备工作就绪后，利用混凝土喷射机将混合物喷布于坡面。喷射时应从正面进行，凹凸部及死角要补喷。喷射种植混合物时，喷射厚度可根据边坡岩性进行调整，以保证有机基材能提供足够的养分及水分供草种生长。

5. 铺设无纺布

喷播完成后，在其表面层覆盖无纺布，减少因强降水对种子造成的冲刷，同时也减少边坡表面水分蒸发，进一步改善种子的发芽、生长环境。

6. 洒水养护

养护工作应于喷植完成后即日开始，主要针对植被的养分、水分、病虫进行管理，同时针对缺苗地段进行补植。具体养护工作应根据季节、草种类型、基质混合土壤性质、坡度情况、环境条件及植物生长情况合理进行。

五、骨架植物防护

（一）骨架植物防护定义及分类

骨架植物防护是指路基边坡采用混凝土或浆砌片石形成的框架式构筑物，并在框架内植草，以防止路基边坡溜坍的一种坡面防护形式。骨架植物防护是突出"植物+工程"一体化防护设计的典型模式，把路基边坡工程防护与生态防护结合起来，达到了与环境因素高度的协调。

骨架植物防护实际上是将坡面分割成若干骨架支撑的小块土坡，采用分而治之的有效措施。骨架的作用在于支撑和分割坡面，消除坡面较大范围内相互渐变、牵引的影响，其具有规则的几何形状，造型美观。当骨架中的绿色植被形成后，绿白相间，拥有较好的防护绿化美化效果。

按结构形式，骨架植物防护分为"拱形骨架+植草灌"（空心六棱块植草灌）防护、"方格骨架+植草灌"（空心六棱块植草灌）防护、"菱形骨架+植草灌"（空心六棱块植草灌）防护、"人字形骨架+植草灌"（空心六棱块植草灌）防护、"拱形加人字形骨架+植草灌"（空心六棱块植草灌）防护、"锚杆混凝土框架+植草灌"防护等。

按建筑材料，分为浆砌片石骨架植物防护、干砌片石骨架植物防护、现浇混凝土骨架植物防护、混凝土预制块式骨架植物防护等。

（二）骨架植物防护施工工艺流程

骨架植物防护施工工艺流程步骤如下：

1. 整修边坡

路基填筑到设计高程后，按路基设计宽度及设计边坡坡度进行刷坡。路基边坡主要采用挖掘机进行刷坡，刷坡时预留 20 cm 采用人工进行。边坡修整时用坡度尺拉线修整，修整后的边坡坡度不得大于设计值。

2. 放线开挖沟槽及基础

施工放样前，要根据桥台位置、涵洞位置并考虑混凝土踏步位置整体布拱，在所有拱券位置确定后才能根据里程位置精确放样。根据测放的里程桩现场排出骨架位置，撒白灰线标示。排出骨架位置后，要对相邻的里程桩再次进行闭合测量，确认无误后方可进行基槽开挖。

骨架沟槽开挖由于在坡面上作业，不宜采用机械，全部采用人工开挖沟槽。人工开挖前根据测量放样确定的位置，上下拉通拉线，同时严格控制开挖宽度和深度，不得超挖和欠挖，从上往下进行开挖，不得有松土留在沟槽中，并用人工拍打密实。一般根据施工能力及天气情况确定开挖长度，不得将开挖好的沟槽长时间晾置。

3. 浇筑基础（护脚墙）

根据测量放样结果，采用机械结合人工挖出脚墙的位置。采用小型挖掘机进行开挖，基底预留 20～30 cm，采用人工进行开挖，基底浮土全部清理干净，同时保证原土不受扰动。基底经验收合格后可浇筑脚墙，确保脚墙几何尺寸满足设计及规范要求。脚墙位置开挖后测量复核脚墙与底镶边连接处的位置，施工时严格按照设计的高程控制。浇筑前应对基底夯实，并对基坑内的杂物安排专人进行清理。

4. 立模支护

按设计尺寸采用钢模组合，挡水槽处采用带 10 cm×10 cm 凸起的定型模板。模板安装时采用双面胶带纸塞缝，确保接缝良好不漏浆。采用外吊内拉的支模方法进行模板支设，骨架模板在现场拼装完成后，人工进行安装。模板支设完成后挂线对模板进行精调，确保模板支设尺寸符合要求。模板调整好后，对模板进行加固，顶面采用钢管加固，侧面采用沙袋封堵。模板支设好后要经技术员复核无误后才能进行下道工序施工。混凝土浇筑前，人工清除基槽表面松散颗粒，洒水湿润。

5. 浇筑骨架混凝土

混凝土采用混凝土罐车运输，采用滑槽或插入式振捣器振捣。混凝土运至现场后先对混凝土的工作性能进行检查，满足要求后方可进行混凝土浇筑。对于拱形骨架混凝土施工，从坡脚处逐层向路基顶面施工，混凝土浇筑过程中对已成形的坡面采用靠尺进行原浆收面。当混凝土强度达到 2.5 MPa 后，方可拆除拱形骨架侧模，侧模拆除后应及时对侧面混凝土进行修整。

6. 洒水养护

混凝土浇筑完成后，及时对拱形骨架混凝土进行土工布覆盖，洒水养护。养护期为 14 d。

7. 设置沉降伸缩缝

现浇拱形骨架护坡时，必须每隔 10～15 m 在拱顶处自底镶边至顶镶边贯通设置一条沉降缝（缝宽 2 cm），缝间采用沥青麻筋进行封闭。

8. 骨架内植物栽植

拱形骨架混凝土养护完成后，对骨架内进行客土回填。回填过程中，对边坡进行夯拍密实后进行草籽撒播及植物栽植。

六、喷护与挂网喷护

喷护是岩石边坡常用的支护方式。它是使用混凝土喷射机，按一定的混合程序，将掺有速凝剂的混凝土喷射至岩石边坡上，并迅速凝结成一层支护结构，从而对边坡起到支护的作用。通常因边坡的地质状况辅以钢筋网支护、锚杆支护，则称之为挂网喷护及锚网喷护。

喷护可以作为边坡防护工程的永久性和临时性支护，也可以与各种钢筋网、锚杆等构成复合式支护结构，通常称为挂网喷护和锚网联合喷护。在实际工程应用时，按照设计文件要求及工程实际地质情况，选用合适的喷护方式。

（一）喷射混凝土工艺种类

喷射混凝土分为干喷、潮喷和湿喷。

干喷是将骨料、水泥和速凝剂按一定的比例干拌均匀，然后装入喷射机，用压缩空气使干集料在软管内呈悬浮状态送到喷枪，再在喷嘴处与高压水混合，以较高速度喷射到岩面上。干喷的主要缺点是粉尘大，喷射物回弹量大。

潮喷是将骨料预加少量水，使之呈潮湿状，再加水泥拌和，从而降低上料、拌和与喷射时的粉尘。但大量的水仍是在喷头处加入和喷出的，其喷射工艺流程和使用机械同干喷工艺。

湿喷是将骨料、水泥和水按设计比例拌和均匀，用湿式喷射机压送到喷头处，再在喷头上添加速凝剂后喷出。目前，施工现场较多使用的是湿喷工艺。

（二）喷护施工工艺流程

喷护施工工艺流程步骤如下：

1. 施工准备

清理坡面上的危石、杂草、树木、松土、浮渣，并用高压水冲洗坡面，并使岩面保持一定湿度。

2. 搭设脚手架平台

用钢管按锚孔横排位置，沿坡面坡度搭设双排脚手架工作平台，采用钢管支撑平台架体，脚手架的搭设质量符合施工规范要求。工作平台低于横排锚孔 0.6 m，平台上铺设厚度 25 mm×3 000 mm 松木板，平台外边搭设 1.1 m 高防护栏杆并设置挡脚板，挡脚板采用 25 mm×3 000 mm 松木板牢固固定在防护栏板上。

3. 测量放样

边坡开挖完成后，按设计立面图要求，将锚杆孔位置准确测量放样在坡面上，水平、垂直方向的孔距误差不应大于 100 mm。竖肋的具体长度可根据实际边坡高度确定，但锚杆的位置须按等分坡面的长度进行放样，其间距可适当调整。在确保坡体稳定和结构安全的前提下，适当放宽定位精度或调整锚孔定位。

4. 钻孔设备

钻机宜选用 40 m³/min 内燃压缩空气为动力的潜孔冲击钻机。

5. 钻机就位

锚孔钻进施工时，必须准确安装固定钻机，并严格认真进行机位调整，确保孔位及倾角符合要求。锚孔偏斜度不大于 2%，钻孔方向与水平面和竖直面的夹角不得与设计角度偏差超过±（1°～2°）。

6. 钻进方式

钻孔要求干钻，禁止采用水钻，以确保锚杆施工不至于恶化边坡岩体的工程地质条件和保证孔壁的黏结性能。钻孔速度根据使用钻机性能和锚固地层严格控制，防止钻孔扭曲和变径，造成下锚困难或其他意外事故。

7. 钻进过程

钻孔过程中，认真记录岩层的地层岩性和含水状态。钻孔孔深超出锚杆设计长度 10 cm。为控制好钻孔角度，设置钻杆定位支架，以减少钻孔角度误差。遇有塌孔时，立即停止施钻，拔出钻具，进行水灰比纯水泥固壁注浆，注浆压力为 0.4 MPa。待注浆强度达到 70% 后，重新钻孔。如二次钻进施工时仍然出现塌孔，须采用跟管钻进技术进行施工。跟管重新钻孔，此时钻孔孔径比设计孔径稍大。

8. 锚孔清理

钻进达到设计深度后，不能立即停钻，要求稳钻 1～2 min，防止孔底达不到设计的锚固直径。钻孔孔壁不得有黏土或粉砂滞留，必须清理干净。在钻孔完成后，使用高压空气（风压 0.2～0.4 MPa）将孔内岩粉或水体全部清除出孔外，以免降低水泥砂浆与孔壁岩土体的黏结强度，防止锚孔不能下到预定深度。若遇锚孔中有承压水流出，待水压、水量变小后方可下安锚杆与注浆，必要时在周围适当部位设置排水孔处理。

9. 锚孔检验

锚孔钻孔结束后，经现场监理检验合格后，方可进行下一道工序。验孔时，采用设计孔径、钻头和标准钻杆进行孔径、孔深检查。验孔过程中钻头平顺推进，不产生冲击或抖动。钻具验送长度满足设计锚孔深度，退钻要求顺畅，用高压风吹验没有明显飞溅尘渣及水体现象。同时要求复查锚孔孔位、倾角和方位，全部锚孔施工分项工作合格后，即可认为锚孔钻造检验合格。

10. 锚杆、锚钉体制作、安装

锚杆、锚钉全部在钢筋加工场集中加工好后用自卸汽车运至施工现场。

安装前，要确保每根钢筋顺直，除锈、除油污，安装锚杆体前再次认真核对锚孔编号。确认无误后再用高压风吹孔，人工缓缓将锚杆体放入孔内。用钢尺量出孔外露出的钢杆长度，计算孔内锚杆长度（误差控制在 ±50 mm 范围内），确保锚固长度。

11. 锚杆、锚钉注浆

锚杆宜先安装锚杆再注浆，锚钉宜先注浆再立即安插锚钉。

锚杆按边坡支护单元安装完成后开始注浆。为避免由于岩层破碎而锚杆孔之间相互窜浆影响锚杆注浆质量，注浆时从最下一排锚杆孔开始注浆，逐排注到最上一排。

注浆前对锚孔用高压气清孔。注浆材料按照配合比配料，采用机械拌和，集中供浆。注浆浆液搅拌均匀，随搅随用，浆液在初凝前用完，严防石块、杂物混入浆液。可采用 HS-4 型双缸灰浆泵，按孔底注浆法注浆。注浆前孔口设置止浆塞，以保证孔内浆液饱满。注浆作业开始和中途停止较长时间，再作业时宜用水或稀水泥浆润滑注浆泵及注浆管线。当锚杆安装、注浆完成 24 h 再进行锚杆孔补浆，将孔口空段补满并且用同种浆体将孔口封堵。

12. 钢筋网制作、安装

可采用钢筋加工场集中制作钢筋网片，现场安装或现场直接绑扎钢筋网片的方式施工，施工质量满足设计及规范要求即可。

13. 喷射混凝土

喷射混凝土厚度控制可通过标桩法、针探法、钻孔法实现。

（1）标桩法

把比喷层厚度大一倍的钢筋按预定间距用速凝砂浆固定在坡面上，在喷护完成后，可以通过测量预设钢筋剩余长度计算喷层厚度。当坡面安装锚杆时，可以用锚杆外露部分代替预设钢筋。

（2）针探法

在施工中可以用探针直接插入未凝固混凝土中测得喷层厚度，这种方法便于施工人员随时掌握喷层厚度。

（3）钻孔法

用手风钻在已完全凝固的混凝土表面钻孔，从钻孔内侧直接测量喷层厚度，这种方法便于监理部门随时检测。

14. 喷射混凝土施工要点

①采用湿式喷射机喷射混凝土，移动式电动空压机供风。施工前先对机械进行技术检查，对水、风、电路进行检查，合格后方可运转。

②喷射混凝土分段、分片由下而上进行。作业开始时，先送风，后开机，再给料；结束时，待料喷完后，再关机。向喷射机供料时要连续均匀，机器正常运转时，料斗内保持足够的存料。喷层厚度均匀，符合要求。

③喷射时使喷嘴与受喷面间保持适当距离，喷射角度尽可能接近90°，以获得最大压实度和最小回弹量。喷嘴与受喷面间距控制在1.5～2.0 m。

④养护喷射混凝土终凝2 h后及时进行养护，养护时间不小于14 d。温度低于+5℃时，禁止洒水养护。

七、干砌片石护坡

干砌片石厚度不宜小于250 mm，当边坡为粉质土、松散的砂类土等易被冲刷的土时，砌片石下应设厚度不小于100 mm碎石或沙砾垫层。干砌片石护坡基础应选用较大石块砌筑，基础埋深至侧沟底。当基础与侧沟相连时，采用M5水泥砂浆砌筑。

干砌片石护坡施工时，应自下而上进行立砌，彼此镶紧，接缝要错开，缝隙间用小石块填满塞紧。

八、浆砌片石护坡

浆砌片石护坡适用于易风化的岩石边坡和易受冲刷的土质边坡,常用于路堤边坡,宜待路堤完成沉降后再施工。

浆砌片石护坡一般采用等截面,其厚度视边坡高度及坡度而定,一般为 0.3~0.4 m。边坡过高时应分级设平台,每级高度不宜超过 20 m。平台宽度视上级护坡基础的稳固要求而定,一般不超过 1 m。砌石由下而上,应错缝嵌紧,表面平整,周界用砂浆密封,以防渗水。

第四章 隧道施工技术

第一节 隧道施工技术概述

一、隧道的基本概念

隧道工程是指在交通线路修建过程中为穿越山体或河流、海洋或既有建筑物或构筑物而修筑具有出入口供汽车、火车、行人通行的地下建筑物。

隧道的定义为：以任何方式修建，最终使用于地表以下的条形建筑物，其空洞内部净空断面在 2 m^2 以上者均为隧道。

与地面结构物相比，隧道工程具有以下特点：

①隧道工程埋设在地层中，一旦建成就难以更改，在施工过程中主要受到工程地质条件和水文地质条件的影响。

②由于隧道工程的施工穿越地层的地质条件复杂多变，遇到的意外情况比较多，工程的定位、设计和施工方法都必须随时做相应的调整，要求有关规划、勘测、设计、施工和使用管理部门密切配合。

③隧道工程承受爆炸荷载和地震荷载的能力比地面结构强，许多国防、民防工程及抗震和各类防护工程都可采用。

④隧道工程埋设于地下，施工对地面影响较小，可以不受或少受昼夜更替、季节变换、气候变化等自然因素的影响，有助于稳定地安排施工。

⑤隧道工程施工期限长，施工环境较差，施工作业面较窄，可容纳的劳力和机械都受限制，因此施工条件可能极其恶劣。例如，爆破产生粉尘和有害气体、施工噪声、生产废水等，必须采取通风、防尘、照明、消音、隔音、排水等措施，使施工场地条件改善，确保施工人员的身体健康，提高劳动生产率。

⑥隧道工程能穿越天然高程或平面障碍，分担地面交通和人流负荷，节约公路工程用地。

⑦隧道工程造价昂贵，只有在论证它有充分的战略地位、技术条件和经济效益时才宜兴建。

⑧隧道施工会产生大量废土、碎石，须妥善处理，及时外运。但新建隧道往往远离既有交通线路，运输不便，必须加强规划和部署。

二、隧道的分类

隧道工程所涉及的工程范围较为广泛，可以根据不同的分类方法将隧道分为不同种类，具体分类内容如下所示：

①根据隧道顶部上覆围岩能否形成压力拱（自然拱），将隧道分为浅埋隧道和深埋隧道。不同种类岩石的临界深度也是不一样的，一般采用塌方平均高度 h_q 的 2～2.5 倍为深浅埋的临界高度。

②按照隧道所处地理位置可分为山岭隧道、浅埋及软土隧道、水底隧道等。

③按照隧道所处的地层情况可分为岩石隧道或岩质隧道、土质隧道或软土隧道。

④按照隧道用途分类可分为交通隧道、市政隧道、水工隧道和矿山隧道等。

⑤按隧道断面形式分为圆形断面隧道、多心圆断面隧道、马蹄形断面隧道、矩形断面隧道等。

⑥按隧道的长度分类：隧道长度是指进出口洞门端墙面之间的距离，以端墙面或斜切式洞门的斜切面与设计内轨顶面的交线同线路中线的交点计算。公路隧道按其长度可分为4类：全长3 000 m以上为特长隧道；全长1 000 m以上至3 000 m为长隧道；全长500 m以上至1 000 m为中隧道；全长500 m以下为短隧道。

⑦按上下行隧洞间的距离可分为分离式隧道、小净距隧道和连拱隧道。

三、隧道的结构及其组成

隧道结构由主体结构和附属结构组成。其中主体结构包括隧道洞门及洞身衬砌部分。为了满足隧道的使用功能，隧道除应有主体结构外，还应具有其他的一些设施，包括紧急停车带、人行横道、洞内排水系统、电力电缆系统、通风系统等。

（一）主体结构

1. 洞门

隧道两端洞口处的结构部分称为洞门。它是在隧道洞口利用圬工材料等修筑用以保护洞口稳定、引离地表水并对周围环境起到装饰作用的支挡结构物。其主要作用是减少洞口土石方的开挖量，稳定边仰坡，引离地表水及装饰洞口。

洞门通常按照其结构构造分为端墙式洞门、翼墙式洞门、削竹式洞门、柱式洞门、环框式洞门及遮光棚式洞门等。

2. 洞身衬砌

隧道开挖后，为了避免隧道变形或岩石风化，都需要修建支护结构，即衬砌。根据隧道衬砌施工工艺不同，将隧道衬砌的形式分为锚喷支护、装配式衬砌及整体式衬砌。

(1) 锚喷支护

锚喷支护常用的材料有喷射混凝土（有时加钢筋网或钢纤维）、锚杆和钢拱架。一般可根据地质条件和结构形式的变化组合使用。

①喷射混凝土。喷射混凝土以压缩空气为动力，将掺有速凝剂的混凝土拌和料与水合成为浆状，喷射到坑道岩壁上凝结而成。喷射混凝土分为干喷、潮喷、湿喷 3 种，以湿喷工艺较优。

②锚杆或锚索。锚杆或锚索是用金属或其他抗拉强度较高材料制成的一种杆状构件，并使用某些机械装置或黏结介质，将其安设在隧道及地下工程的围岩体或其他工程结构体中，利用杆端锚头的膨胀作用，或利用灌浆黏结，增加岩体的强度和抗变形能力从而提高围岩的自稳能力。

(2) 装配式衬砌

装配式衬砌是构件在现场或工厂预制，然后将构件运进坑道内再进行拼装成一环接着一环的衬砌。其特点是衬砌拼装后能够立即受力，便于机械化施工，改善劳动条件，节省劳力。目前多在盾构法施工的隧道内使用。

(3) 整体式衬砌

整体式衬砌是指就地灌注混凝土施工衬砌，也称模筑混凝土衬砌。其施工工艺流程为：立模→浇筑→养护→拆模。模筑衬砌的特点为：对地质条件的适应性强，易于按需要成形，整体性好，抗渗性强，并适用于多种施工条件，如可用木模板、钢模板或衬砌模板台车等。整体式衬砌按照不同的围岩类别采用不同的衬砌厚度。

(4) 复合式衬砌

目前，公路隧道均采用以"初期支护、防水层及二次衬砌（整体式衬砌）"组成的复合式结构。

①初期支护。隧道是埋藏于地面以下的条形建筑物，被岩土体围绕。在隧道周围一定范围内，对洞身的稳定有影响的岩（土）体，即由于受开挖影响而发生应力状态改变的岩（土）体，称为围岩。

隧道在岩土体开挖后，自身很难保持稳定。为了达到洞室稳定及施工安全的目的，而在洞室开挖后对洞室围岩采取支撑、加强作用的构件和其他处理措施总称为支护。

现代隧道施工技术采取的支护手段通常有喷射混凝土、挂网喷射混凝土、钢拱架、锚杆喷射混凝土及联合支护。

②防水层。防水层为不透水表面光滑的高分子防水卷材,它不但起到将地层渗水拒于二次衬砌之外的防水作用,而且对初期喷射混凝土及二次衬砌模筑混凝土来说,还起到隔离与润滑作用,使初期支护喷射混凝土对二次衬砌混凝土的约束应力减少,从而避免模筑混凝土产生裂缝,提高了二次衬砌混凝土的防水抗渗能力。防水层通常由2部分组成,即缓冲垫层与防水板。防水板采用厚度1.5 mm以上的EVA(乙烯-醋酸乙烯共聚物)或ECB(乙烯、醋酸乙烯与沥青共聚物),缓冲垫层一般采用质量大于400 g/m²的无纺布。

③二次衬砌。二次衬砌一般采用整体式钢筋混凝土衬砌。

④仰拱填充。隧道仰拱通常是弧形,而车辆行驶面是有一定斜率的平面,因此,需要采用建筑材料将仰拱上方和路面结构间的空间进行填充,常用的仰拱填充材料为水泥混凝土。

⑤路面结构。路面结构主要有2种,即水泥混凝土路面和沥青混合料路面。

(二)附属结构

1. 紧急停车带

在较长的公路隧道内,需要设置紧急停车带作为避让车道,避免车辆抛锚长时间占据行车道,故障车必须尽快离开干道,否则会引起阻塞,甚至导致交通事故。为避免发生交通事故,引起混乱,影响通行能力而专供紧急停车使用的停车位置即为紧急停车带。

紧急停车带的间隔,主要根据故障车的可能推动距离确定。一般很难确定距离的大小,如小车较卡车滑行距离长,人力推动也较省力;下坡较上坡滑行距离长,推动也省力。在隧道内一般取500~800 m。汽车专用隧道取500 m,隧道长度大于600 m时应在中间设置一处。混合交通隧道取800 m,隧道长度大于900 m时应在中间设置一处。

紧急停车带的有效长度应满足停放车辆进入所需的长度,一般进入需20 m,最低值为15 m,宽度一般为3.0 m。

2. 行车横道和行人横洞

行车横道与隧道正洞应该形成一个小于90°的夹角,单向交通的隧道采用45°~60°夹角。隧道长度在1 000~1 500 m时,宜在隧道中间设一处。

行人横洞是在分离式单向交通的双洞隧道中,一个隧道内发生事故时,汽车无法立即疏散,事故车辆内的乘客可通过行人横洞疏散。行人横道净空为2.5 m(高)×2 m(宽),设置间距可取250 m,且不得大于500 m。

3. 防排水系统

隧道防排水系统主要是为了保证隧道在运营过程中避免水害带来的影响,以保证结构物和设备的正常使用和行车安全。隧道内的防排水是隧道施工和运营中的一个重要问题,现代隧道通常以"防、排、截、堵相结合,因地制宜,综合治理"的原则设置隧道防排水系统,以达到防水可靠、排水通畅、底部无积水、经济合理的目的。

(1)防水措施

常用的防水措施有喷射混凝土、塑料防水板、模筑混凝土衬砌、防水涂料等。模筑混凝土衬砌防水是指模筑混凝土本身具有一定的抗渗阻水性能。塑料防水板防水是指在内外层衬砌之间敷软聚氯乙薄膜、聚异丁烯片等防水卷材,塑料板防水一般厚度为1.2 mm。防水层接缝处一般用热气焊接,或用电敏电阻焊接,也可采用适当的溶剂做溶解焊接,以达到防水的目的。防水涂料防水是指在隧道内表面涂刷防水涂料,如乳化沥青、环氧焦油等,使在隧道内表面形成不透水的薄膜。防水砂浆抹面是在普通砂浆中掺入防水剂,从而提高砂浆抹面的防水性能。目前,应用较多的防水砂浆主要有氯化铁砂浆和氯化钙防水砂浆。

(2)排水

常利用"排水盲沟—泄水管—排水沟"的形式进行隧道排水。这种方法主要是将衬砌背后的水引入盲沟内汇集,然后通过与盲沟连接的泄水管将水从盲沟引入隧道内的排水沟,最后从排水沟排走。

(3)截水

截水是将流向隧道的地表水或地下水截断,从而使水改路。对于地表水,应设置地表排水沟、截水沟将水引离隧道;对于地下水,主要采用设置导坑、泄水洞或井点降水等方法。

目前,主要截水措施有以下几种:

①在洞口仰坡边缘5 m以外设置天沟,并加以铺砌。当岩石外露、地面坡度较陡时,可不设天沟。仰坡上可种植草皮、喷抹灰浆或加以铺砌。

②对洞顶天然沟槽加以整治,使山洪宣泄畅通。

③对洞顶地表的陷穴、深坑加以回填,对裂缝进行堵塞。处理隧道地表水时,要有全局观点,不应妨害当地农田水利规划,做到因地制宜,一改多利。

④在地表水上游设截水导流沟,地下水上游设泄水洞、洞外井点降水或洞内井点降水。

(4)堵水

在隧道施工、运营过程中,有渗漏水时,常采用喷射混凝土、注浆和防水混凝土衬砌等方法进行堵水。

4. 施工缝

施工缝,也称循环缝。隧道衬砌混凝土施工所产生的冷接缝,是防水薄弱环节之一,也是隧道中最易发生渗漏的位置。隧道衬砌施工缝处理不好，不仅会造成衬砌混凝土裂缝及洞内漏水，严重影响隧道的正常使用和行车安全，还会降低结构的强度和耐久性。为防止由于衬砌不均匀下沉而引起的裂损，在地质条件变化显著、衬砌受力不匀地段，应设置沉降缝；为防止由于温度变化剧烈或混凝土凝结收缩影响而引起的衬砌开裂，应设置伸缩缝。以上2种结构缝统称为变形缝，变形缝应采用柔性材料做防水处理。

5. 通风设施

公路隧道的通风方式大体可分为自然通风和机械通风2种。自然通风是利用洞内的天然风流和汽车运行所引起的活塞风（交通风）来达到通风目的。机械通风则是在自然通风不能满足要求时，设置一系列通风机械，通过送入或排出空气来达到通风目的。

6. 隧道内部装饰

在公路隧道或城市地铁内，为了更美观，提高能见度，吸收噪声和改变隧道内的环境，内部装饰有时非常必要。

内部装饰具有保持隧道内的亮度、减少衬砌对汽车尾气的吸收、防止衬砌的腐蚀、吸收噪声等作用。

常见的内部装饰类型有粉刷、涂料、塑料装饰或粘贴各种装饰材料等。

第二节　隧道施工方法

一、概述

隧道施工是指修建隧道及地下洞室的施工方法、施工技术和施工管理的总称。

隧道施工方法是开挖与支护等工序的组合。隧道施工过程通常包括在地层内挖出土石，形成符合设计断面的坑道，进行必要的支护和衬砌，控制坑道围岩变形，保证隧道施工安全和长期安全使用。

隧道施工技术主要研究解决上述各种隧道施工方法所需的技术方案和措施（如开挖掘进、支护和衬砌施工方案与措施）；隧道穿越特殊地质地段时（如膨胀土、黄土、溶洞塌方、流沙、高地温、岩爆、瓦斯地层等）的施工手段；隧道施工过程中的通风、防尘及防有害气体的方式方法和对围岩变化的测量监控方法。

隧道施工管理主要解决施工组织设计（如施工方案选择、施工技术措施、场地布置、进度控制、材料供应、劳力及机具安排等）和施工中的技术管理、计划管理、质量管理、经济管理、安全管理等问题。

隧道施工和工程实践有密切联系，因此应理论与生产实践紧密结合。必须指出，由于地质勘探的局限性和地质条件的复杂性及多变性，隧道施工过程中经常会遇到突然变化的地质条件、意外情况（如塌方、涌水等），原制定的施工方案、施工技术措施和施工进度计划等也必须随之变更。因此，必须学会结合工程实践经验掌握综合运用这些知识的能力，以便正确处理隧道施工中遇到的各种实际问题。

二、隧道施工方法的选择

（一）常用的公路隧道施工方法

目前，常用的公路隧道一般有山岭隧道、浅埋及软土隧道、水底隧道。其中施工方法：山岭隧道一般采用矿山法、新奥法、掘进机法；浅埋及软土隧道一般采用明挖法、盖挖法、浅埋暗挖法、盾构法；水底隧道一般采用沉管法、盾构法。

（二）施工方法的选择

针对具体的隧道工程，采用何种施工方法，不仅取决于围岩工程地质和水文地质条件，还受到隧道工程结构条件和工程施工条件的影响。而从工程技术的角度来看，隧道围岩工程地质和水文地质条件是影响施工方法选择的最关键因素，因此，须确定隧道的围岩级别。

在确定隧道的围岩级别的基础上，根据隧道工程建筑要求、机具设备、施工技术条件、施工技术水平、施工经验等多种因素和千变万化的地质情况等，选择与隧道断面大小、形状以及洞室的组合情况相适应，并能够满足施工安全、作业空间、施工速度、施工成本控制、工程质量、环境保护、施工组织和管理方面要求的一种或多种施工方法。

浅埋隧道往往采用先将地面开挖，修筑完成支护结构以后再回填土石的明挖法施工。深埋隧道则采用不开挖地面的暗挖法施工，即在地下开挖及修筑支护结构。在长大公路隧道施工过程中，采用小直径 TBM 掘进机，先行完成导坑开挖，然后再采用新奥法扩大为正洞，已经成为推荐的组合型施工方法。

应当指出的是，隧道工程施工是在应力岩体中开拓地下空间。由于地质条件的复杂性和多变性，以及地质勘探、施工技术和人们对工程问题认识的局限性，人们在隧道施工过程中不可避免地会遇到预料之外的地质条件，甚至发生如流变、塌方、流沙、突泥、涌水、岩爆等工程事故。所以，隧道施工人员一方面应当根据隧道工程具体条件加以综合考虑、反复比较，选择最经济、最合理的施工方法，一般是多种方法、多种技术综合利用；另一方面应密切关注施工过程中各种因素变化，及时根据实际情况调整施工方案、施工方法、施工技术和施工进度等各项计划。这是一个受多种因素影响的动态择优过程。

第三节　隧道新奥法施工技术

一、概述

(一) 定义

新奥法简称为 NATM，即新奥地利隧道施工方法。新奥法是以隧道工程经验和岩体力学理论为基础，将锚杆和喷射混凝土组合在一起，作为主要支护手段的一种施工方法。NATM 于 20 世纪 60 年代传到我国，70 年代末 80 年代初在我国得到迅速发展。新奥法几乎成为在软弱破碎围岩地段修筑隧道的一种基本方法。

(二) 新奥法施工工艺特点

1. 新奥法与传统支护理念的区别

传统支护理念认为隧道围岩是一种荷载，应使用加强的衬砌结构支护松动围岩。而新奥法将围岩视为隧道承载构件的一部分，围岩既是荷载，又是承载结构；构筑薄壁、柔性、与围岩紧贴的支护结构（以喷射混凝土、锚杆为主要手段），使围岩与支护结构共同形成承载体系来承受外荷载，并最大限度地保持围岩稳定，因而不致松动破坏。

新奥法将锚杆、喷射混凝土适当进行组合，形成比较薄的衬砌层，即用锚杆和喷射混凝土来支护围岩，使喷射层与围岩紧密结合，形成围岩—支护系统，保持两者的共同变形，故而可以最大限度地利用围岩本身的承载力。

2. 保护隧道围岩自身的承载能力

新奥法施工在隧道开挖后采取了一系列综合性措施，如构筑防水层、围岩巷道排水，给支护留变形余量，开挖后及时做好支护、封闭围岩等，都是为保护巷道围岩的自身承载能力，使其与人工支护结构共同承受巷道压力。

3. 允许围岩发生一定的变形

新奥法允许围岩有一定量的变形，以利于发挥围岩的承载能力。同时巷道的支护结构也应具有预定的可压缩量，以缓和隧道结构所受的压力。围岩的变形须控制在一定范围内，必须避免围岩变形过大，导致围岩强度削弱而引起垮落、失稳。支护结构应具有一定的变形量，允许巷道围岩产生一定的变形，以缓和来自巷道的巨大压力，更进一步减轻支护荷载。

4. 重视超前地质预报、现场围岩分级和监控测量工作

新奥法施工过程就是一个信息反馈的过程。围岩情况决定着支护参数的选取，通过分析超前地质预报预估围岩的变化情况，以便对不良地质段落提前做好应对准备；通过对每个开挖循环掌子面的围岩进行现场确认，以保证支护措施选取的正确性；通过对已经支护的段落进行监控测量，以便发现危险段落及对支护参数的合理性进行复核。3种信息手段分工协作，共同用于指导隧道现场施工。

5. 新奥法适用范围

虽然新奥法有广泛的应用，但并非所有的隧道都适合采用新奥法设计施工。新奥法设计施工的隧道主要适合以下围岩：

①具有较长自稳时间的中等岩体。
②弱胶结的砂和石砾以及不稳定的砾岩。
③强风化的岩石。
④刚塑性的黏土泥质灰岩和泥质灰岩。
⑤坚硬黏土，也有带坚硬夹层的黏土。
⑥微裂隙但很少黏土的岩体。
⑦在很高的初应力场条件下，坚硬的和可变坚硬的岩石。

在下述条件下应用新奥法时，必须与一些辅助方法相配合：

①有强烈地压显现的岩体。
②膨胀性岩体（要与仰拱与底部锚杆相配合）。
③在一些松散岩体中，要与钢背板相配合。
④在蠕动性岩体中，要与冻结法或预加固法等相配合。

在下列围岩中应慎用新奥法：

①大量涌水的岩体。
②由于涌水会产生流沙现象的围岩。
③极为破碎，锚杆钻孔、安装都极为困难的岩体。
④开挖面完全不能自稳的岩体等。

（三）优缺点

①各工序的组合和调整的灵活性很大，尤其是当地质条件发生变化时，它依然表现出很强的适应性。长期的实践已使人们积累了丰富宝贵的施工经验，形成了较为科学合理、完整成熟的施工方案，这些是普遍认同的优势。

②与传统矿山法的钢木构件临时支撑相比较，新奥法的锚喷初期支护具有显著的灵活

性、及时性、密贴性、深入性、柔韧性、封闭性等工程特点。

③施工机械和设备的配套比较灵活，且多数是常规设备，其组装设备简单、转移方便，重复利用率高。

④现代隧道工程使用的钢拱架和内层衬砌是力学意义上的承载环，其设计计算方法仍沿用并改进了传统松弛荷载理论的设计计算方法。

值得注意的是，钢拱架、超前管棚、混凝土或钢筋混凝土等刚性构件的作用简明直观、行之有效，且具有较好的耐久性。而锚喷初期支护的支护能力和功效虽然并不亚于刚性构件，但其理论需要专门的培训，对其实施准则的认识和掌握还需要在实践中加以总结和积累。就耐久性而言，因为锚喷支护毕竟是一种松散结构，其耐久性并非最理想，且在不同的围岩条件下，其功效大小也不尽相同，还需要用时间来检验。

二、施工原则

根据对隧道及地下工程的基本问题——"开挖与支护关系"的认识，对围岩的"三位一体特性"的认识，以及对支护的"加固和维护作用"的认识，现代围岩承载理论认为"围岩是工程加固的对象，是不可替代的；支护是加固的手段，是可以选择的"。围岩承载理论在新奥法成功应用的基础上，运用岩体力学分析方法，充分考虑围岩在施工过程中的动态变化，逐步形成了"以维护和利用围岩的自承能力为基本出发点，锚杆和喷射混凝土为主要支护措施，对围岩和支护的变形和应力进行测量为监视控制手段，来指导隧道和地下工程设计施工"的基本思路，并进一步总结出提供支护帮助的基本原则，即"围岩不稳，支护帮助，遇强则弱，遇弱则强，按需提供，先柔后刚，监控测量，动态调整"。

根据以上解决问题的基本思路和支护设计的基本原则，作为一种施工方法，新奥法施工的基本原则可以归纳为"少扰动，早锚喷，勤测量，紧封闭"。

（一）少扰动

在进行隧道开挖时，要尽量减少对围岩的扰动次数、扰动强度、扰动范围和扰动持续时间。因此，隧道施工应根据围岩级别，选择合理的开挖方法、掘进进尺和作业循环。具体措施包括：能用机械开挖的就不用钻爆法开挖；采用钻爆法开挖时，要严格控制爆破；尽量采用大断面开挖，以减少对围岩的扰动次数；对自稳性差的围岩，宜采用分部开挖，小循环作业，并且掘进进尺应短一些；最好采用机械开挖，必要时可采用松动爆破；支护要尽量紧跟开挖面，以缩短围岩应力松弛时间。

(二) 早锚喷

开挖后及时施做初期锚喷支护，使围岩变形进入受控制状态。这样做一方面使围岩不致因变形过度而产生坍塌失稳；另一方面使围岩变形适度发展，以充分发挥围岩的自承能力。必要时，可采取超前预支护，甚至注浆加固（地层改良）措施。具体措施包括：根据围岩级别采用喷射混凝土、锚杆、钢拱架等不同组合形式的初期支护，及时调整支护时机、支护参数，以求达到最佳支护效果。

(三) 勤测量

以直观、可靠的测量方法获得测量数据来判断围岩（或围岩加支护）的稳定状态及动态发展趋势，评价支护的作用和效果，以便及时调整支护时机、支护参数、开挖方法、施工速度，确保施工安全和顺利进行。具体措施包括：在隧道施工中，对围岩进行地质素描、拱顶下沉观测、水平收敛观测、仰拱隆起观测及锚杆抗拔力测试等。测量是掌握围岩动态变化过程的手段和修改支护参数、调整施工措施的依据，也是现代隧道及地下工程理论的重要标志之一。

(四) 紧封闭

一方面，采用喷射混凝土等防护措施，避免围岩长时间暴露导致强度和稳定性衰减，尤其是对于易风化的软弱围岩；另一方面，更为重要的是要适时对围岩做封闭性支护，使之形成"力学意义上的封闭的承载环"，即围岩+支护=无薄弱部位且整体稳定的环状（筒状）结构物。这样做不仅可以及时阻止围岩的过度变形，保证隧道稳定，而且可以使支护和围岩能进入良好的共同工作状态，以有效地发挥支护体系的作用。具体措施包括：在一般破碎围岩地段施工中，及时加固薄弱部位；而在软弱破碎围岩地段施工中，采用短台阶或超短台阶法开挖，及时修筑仰拱，使初期支护尽早形成封闭的承载环。值得注意的是：在一般围岩条件下，模筑混凝土内层衬砌原则上在初期支护与围岩共同工作并已达成基本稳定（变形收敛）的条件下修筑。因而内层衬砌的作用是承受围岩后期压力和提供安全储备。但在围岩自稳能力很弱并具有较强流变特性时，及时采用刚度较大的强支护措施就显得非常必要。

三、施工工艺流程

隧道新奥法施工工艺流程步骤如下：

（一）洞口施工与进洞方法

隧道洞口段常处于浅埋段，大多穿越山体表层，地质条件复杂，岩石风化严重，岩石破碎、孔隙较大，土质松散，强度低，渗水，稳定性差，易发生坍塌、冒顶等施工事故，洞口施工人员、机械安全风险较大，因此，隧道洞口及进洞施工需要引起高度重视，合理选择进洞方法，杜绝施工安全质量事故。

常见的隧道进洞方法有超前小导管进洞和超前管棚进洞 2 种，无论采用哪种进洞方法都必须先在洞口位置设置钢筋混凝土套拱，并在套拱内按设计要求预埋导管（孔口管），以便向洞内做小导管或长管棚。

（二）超前地质预报

隧道穿越的地层千变万化，可能遇到各种地质状况。隧道勘察的局限性导致地质资料不能完全反映实际的地质情况。因此，在施工过程中为了保证施工安全，需要通过超前地质预报对前方围岩状况进行预测，对可能出现的灾害进行合理评估，并提前采取应对措施，以避免发生灾害。

在隧道工程施工中，前方可能常常遇到危险的地质结构，如采空区、断层破碎带、岩溶带、煤与瓦斯突出的危险地段。这些段落的地质结构通过一般的检测仪器难以发现，需要采用特殊的专业技术手段进行超前地质预报，以提前发现不良地质并采取应对措施，保证工程施工安全。

常用的超前地质预报方法主要有隧道地震预报法（简称 TSP）和地质雷达法。

1. TSP 超前地质预报

TSP 超前地质预报系统是利用人工制造系列轻微震源，产生地震波信号，地震波信号在隧道周围岩体内传播，当其遇到地层层面、节理面特别是断层破碎带界面和溶洞、暗河等不良地质界面时，会发生反射。界面两侧围岩的岩性差别越大，反射信号越强。通过传感器和记录仪采集、记录反射波信号，然后将其传输至微机，由分析软件进行分析、计算，形成反映地质界面的像点图，供分析人员解译。

2. 地质雷达法

地质雷达是利用无线电波检测地下介质分布和对不可见目标或地下界面进行扫描，以确定其内部形态和位置的电磁技术。其理论基础为高频电磁波理论，利用高频电磁波以宽频带短脉冲形式由地面通过发射天线送入地下，经地下不连续体或目的体反射后返回地面为接收天线所接收，反射电磁波经过一系列的处理和分析之后可以得到探测介质的有关信息（如节理、裂隙、断裂等）解译。

从反射波的连续性特点看，电磁波在正常衰减过程中遇到较强的反射界面时，波幅会骤然增加，同相轴明显之后恢复正常变化规律；反之，若目标体中存在许多杂乱无章的界面，雷达接收到的这些界面的反射回波信号时波幅小、波形杂乱无章，同相轴将很不连续。

地质雷达系统主要由控制单元、发射机、接收机及电源、光缆、通信电缆、触发盒、测量轮等组成。

（三）超前支护

由于初期锚喷支护强度的增长不能满足洞体稳定的要求，可能导致洞体失稳，或由于大面积淋水、涌水，难以保证洞体稳定时，在隧道开挖前可采用超前支护措施对围岩进行加固。

公路隧道施工中常用的超前支护措施有以下几点：

①稳定工作面：预留核心土挡护开挖面、喷射混凝土封闭工作面。

②超前锚杆锚固前方围岩。

③临时仰拱封底。

④管棚超前支护方围岩：短管棚、长管棚、插板。

⑤注浆加固围岩和堵水：超前小导管注浆、超前深孔帷幕注浆。

超前支护措施应视围岩地质条件、地下水情况、施工方法、环境要求等具体情况而选用，并尽量与常规施工方法相结合，进行充分的技术经济比较，选择一种或几种同时使用。施工中应经常观测地形、地貌的变化以及地质和地下水的变异情况，制订相关的安全施工细则，预防突发事故。必须坚持"先支护（或强支护）、后开挖、短进度、弱爆破、快封闭、勤测量"的施工原则，并做好详细的施工记录。

1. 超前锚杆锚固前方围岩

（1）构造组成

超前锚杆是沿开挖轮廓线，以稍大的外插角，向开挖面前方安装锚杆，形成对前方围岩的预锚固，在提前形成的围岩锚固圈保护下进行开挖作业。

（2）性能特点及适用条件

超前锚杆支护的柔性较大，整体刚度较小。虽然可以与系统锚杆焊接以增强其整体性，但对于围岩应力较大时，其后期支护刚度有些不足。此类超前支护主要适用于地应力不大、地下水较少的软弱围岩的隧道工程中，如土砂质地层、弱膨胀性地层、流变性较小的地层、裂隙发育的岩体及断层破碎等，浅埋无显著偏压的隧道，也适宜采用中小型机械施工。

(3) 设计、施工要点

①超前锚杆的超前量、环向间距、外插角等参数，应视围岩地质条件、施工断面大小、开挖循环进尺和施工条件而定。一般超前长度为循环进尺的3～5倍，长3～5 m，环向间距0.3～1.0 m；外插角宜用10°～30°；搭接长度宜为超前长度的40%～60%，即大致形成双层或双排锚杆。

②超前锚杆宜用砂浆全黏结式锚杆，锚杆材料可用直径不小于22 mm的螺纹钢筋。

③超前锚杆安装误差，一般要求孔位偏差不超过10 cm，外插角不超过2°，锚入长度不小于设计长度的90%。

④开挖时应注意保留前方有一定长度的锚固区，使超前锚杆前端有一个稳定的支点，其尾端应尽可能多地与系统锚杆及钢筋网焊连。若掌子面出现滑塌现象，则应及时喷射混凝土封闭开挖面，并尽快打入下一排超前锚杆，然后才能继续开挖。

⑤开挖后及时喷射混凝土，并尽快封闭环形初期支护。

⑥开挖过程中应密切注意观察锚杆变形及喷射混凝土层的开裂、起鼓等情况，以掌握围岩动态，及时调整开挖及支护参数，如遇地下水则可钻孔引排。

2. 管棚超前支护前方围岩

(1) 构造组成

管棚支护是利用钢拱架沿开挖轮廓线以较小的外插角，向开挖面前方打入钢管或钢插板构成的棚架来形成对开挖面前方围岩预支护的一种支护方式。采用长度小于10 m的钢管称为短管棚；采用长度为10～45 m且较粗的钢管称为长管棚；采用钢插板（长度小于10 m）的称为板棚。

(2) 性能特点及适用条件

管棚因采用钢管或钢插板做纵向预支撑，又采用钢拱架做环向支撑，其整体刚度较大，对围岩变形的限制能力较强，且能提前承受早期围岩压力。因此，管棚法特别适用于围岩压力来得快、来得大，对围岩变形及地表下沉有较严格要求的软弱破碎围岩隧道工程，如土砂质地层、强膨胀性地层、强流变性地层、裂隙发育的岩体、断层破碎带、浅埋有显著偏压等围岩的隧道。此外，在一般无胶结的土及砂质围岩中，采用插板封闭较为有效；当遇到流塑状岩体或岩溶严重流泥地段或地下水丰富的岩层，采用管棚与围岩内注浆相结合的手段加固围岩，也是行之有效的方法。短管棚一次超前量少，基本上与开挖作业交替进行，占用循环时间较长，但钻孔安装较容易。长管棚一次超前量大，虽然增加了单次钻孔或打入长钢管的作业时间，但减少了安装钢管的次数，减少了与开挖作业之间的干扰。在长钢管的有效超前区段内，基本上可以进行连续开挖，也更适用于采用大中型机械进行大断面开挖。

(3) 设计、施工要点

①管棚的各项技术参数要视围岩地质条件和施工条件而定。长管棚长度不宜小于10 m,一般为10～45 m;管径70～180 mm,孔径比管径大20～30 mm,环向间距0.2～0.8 m;外插角1°～2°;两组管棚间的纵向搭接长度不小于1.5 m,钢拱架常采用工字钢拱架或格栅钢架。

②钢拱架应安装稳,其垂直度允许误差为±2°,中线及高程允许误差为±5 cm;钢管应从工字钢腹板圆孔穿过,或穿过钢拱架;钻孔方向应用测斜仪监测控制,钢管不得侵入开挖轮廓线。钻孔平面误差不大于15 cm,角度误差不小于0.5°。

③第一节钢管前端要加工成尖锥状,便于导向插入。施工时按打一眼、装一管、由上而下的顺序进行。

④长钢管应用4～6 m管节逐段接长,打入一节,再连接后一节,连接头应采用厚壁管箍,上满丝扣,丝扣长度不应小于15 cm;为保证受力均匀,钢管接头应纵向错开,一般按编号,偶数第一节用4 m,奇数第一节用6 m,以后各节均采用6 m。

⑤当须增加管棚刚度时,可在安装好的钢管内注入水泥砂浆,一般在第一节管前段管壁交错钻若干个深10～15 mm孔,便于排气和出浆,或在管内安装出气导管,浆液注满后方可停止压注。

⑥水泥砂浆强度等级可用M20～M30,并适当加大灰砂比。

⑦钻孔时如出现卡钻或塌孔,应注浆后再钻,有些土质地层则可直接将钢管顶入。

3. 超前小导管注浆

(1) 构造组成

超前小导管注浆是在开挖前,先用喷射混凝土将开挖面5 m范围内的坑道封闭,然后沿坑道周边向前方围岩内打入带孔小导管,并通过小导管向围岩压注起胶结作用的浆液,待浆液硬化后,坑道周围岩体就形成了有一定厚度的加固圈。在此加固圈的保护下即可安全地进行开挖作业。若小导管前端焊一个简易钻头,则可钻孔、插管一次完成,称为自进式注浆锚杆。

(2) 性能特点及适用条件

超前小导管注浆支护是通过小导管对围岩进行注浆加固,浆液被压注到岩体裂隙中并硬化后,不仅将岩块或颗粒胶结为整体起到了加固作用,而且填塞了裂隙,阻隔了地下水向坑道渗流通道,起到了堵水作用。因此,超前小导管注浆不仅适用于一般软弱破碎围岩,也适用于地下水丰富的软弱破碎围岩。

(3) 小导管布置和安装

①小导管钻孔安装前,对开挖面及5 m范围内的坑道喷射5～10 m厚混凝土封闭。

②小导管一般采用直径32 mm焊接管或42 mm无缝钢管制作，长度宜为3～6 m，前端做成尖锥形，前段管壁上每隔10～20 cm交错钻眼，眼孔直径宜为6～8 mm。

③钻孔直径应较管径大20 mm以上，环向间距应按地层条件而定，渗透系数大的，间距亦应加大，一般采用20～50 cm；外插角应控制在10°～30°，一般采用15°。

④Ⅴ级围岩劈裂、压密注浆时采用单排管；Ⅵ级围岩或塌方时可采用双排管；地下水丰富的松软层，可采用双排以上的多排管；渗入性注浆宜采用单排管；大断面或注浆效果差时，可采用双排管。

⑤小导管插入后应外露一定长度，以便连接注浆管，并用塑胶泥将导管周围孔隙封堵密实。

(4) 注浆施工要点

①小导管注浆孔口最高压力应严格控制在允许范围内，以防压裂开挖面。注浆压力一般为0.5～1.0 MPa，止浆塞应能经受注浆压力。注浆压力与地层条件及注浆范围要求有关，一般要求单管注浆能扩散到管周0.5～1.0 m半径范围内。

②要控制注浆量，每根导管内已达到规定注入量即可结束；如孔口压力已达到规定压力值，但注入量仍不足，亦应停止注浆。

③注浆结束后，应做一定数量的钻孔检查或用声波探测仪检查注浆效果。如未达到要求，应进行补注浆。

④注浆后应视浆液种类，等待4（水泥-水玻璃浆）～8h（水泥浆）方可开挖。开挖长度应按设计循环进尺的规定，以保留一定长度的止浆墙（超前注浆的最短超前量）。

⑤自进式注浆锚杆是将超前锚杆与超前小导管注浆相结合的一种先进的超前支护措施。它主要做了以下几点改进：其一，它在小导管前端焊接了一个简易的一次性钻头或尖端，从而将钻孔和定管同时完成，缩短了导管安装时间，尤其适用于钻孔易坍塌的地层；其二，对于可以采用水泥浆的地层，它改用水泥砂浆压注，可进一步降低造价；其三，导管采用波纹或变径外形，以增加黏结力和锚固力，增强了加固效果。

4. 超前深孔帷幕注浆

(1) 超前注浆

常规的围岩注浆对围岩加固范围和加固处理程度有限。当在不便采取其他施工方法（如盾构法）时，深孔预注浆加固围岩就较好地解决了这些问题，其注浆后即可形成较大范围的筒状封闭加固区，称为帷幕注浆。

深孔预注浆一般可超前开挖面30～50 m，可以形成有相当厚度和较长区段的筒状加固区，从而使堵水效果更好，也使注浆作业次数减少。它更适用于有压地下水及地下水丰富的地层中，可采用大中型机械化施工。如果隧道埋深较浅，则注浆作业可在地面进行；

对于埋深较大的隧道,可利用辅助平行导坑对正洞进行预注浆,这样都可以避免对正洞施工的干扰,缩短施工工期。

(2) 注浆范围

筒状加固区。要确定加固区大小,即确定围岩塑性破坏区大小,可以按岩体力学和弹塑性理论计算出开挖坑道后围岩的压力重分布结果,并确定其塑性破坏区大小,也就是应加固区大小。

(3) 施工要点

①注浆管一般采用带孔眼的焊接钢管或无缝钢管。注浆管壁上有眼部分的长度应根据注浆孔位置和注浆区域确定,其余部分不钻眼,并用止浆塞将其隔开,使浆液只注入有效区域。止浆塞常用的有2种:一种是橡胶式,一种是套管式。安装时,将止浆塞固定在注浆管的设计位置,一起放入钻孔,然后用压缩空气或注浆压力使其膨胀而堵塞注浆管与钻孔之间的间隙。此法主要用于深孔注浆。

另外,若采用全孔注浆,则可以用铅丝、麻刀或木楔等材料在注浆孔口间将间隙堵塞。但全孔注浆因浆液流速慢,易造成"死管"问题,尤其是深孔注浆时。

②钻孔可用冲击式钻机或旋转式钻机,应根据地层条件及成孔效果选择。钻孔位置应满足设计要求,孔口位置偏差不超过 5 cm,孔底位置偏差不超过孔深的 1%,钻孔应清洗干净,并做好钻孔记录。

③注浆应按先上方后下方,或先内圈后外圈,先无水孔后有水孔,先上游(地下水)后下游的顺序进行。利用止浆阀保持孔内压力直至浆液完全凝固。

④注浆结束条件应根据注浆压力和单孔注浆量 2 个指标来判断确定。单孔结束条件为:注浆压力达到设计终压;浆液注入量达到计算值的 80% 以上。全部结束条件为:所有注浆孔均已符合单孔结束条件,无漏注。注浆结束后必须对注浆效果进行检查,如未达到设计要求,应进行补孔注浆。

⑤除在注浆前进行钻孔质量和材料质量检查、注浆后对注浆效果检查外,注浆过程中应密切注意注浆压力的变化。采用双液注浆时,应经常测试混合浆液的胶凝时间,发现问题应立即处理。

⑥注浆后应视浆液种类,等待 4 (水泥-水玻璃浆) ~ 8 h (水泥浆) 方可开挖,但应注意保留止浆墙,并进行下一循环注浆。

(四) 隧道开挖

1. 隧道开挖方法

在隧道开挖过程中,不同的开挖方法对保持围岩的稳定状态有直接而重要的影响。正确的开挖方法能够很好地适应地质条件及其变化，并能保持围岩的稳定。新奥法常用的开挖方法有全断面法、台阶法、环形开挖留核心土法、CD法（中隔墙法）、CRD法（交叉中隔墙法）和侧壁导坑法。

(1) 全断面法

全断面法主要适用于较好围岩，施工操作比较简单。为了减少对地层的扰动次数，在采取局部注浆等辅助施工措施加固地层后，也可采用全断面法施工。全断面法有较大的作业空间，有利于采用大型配套机械化作业，提高施工速度，且工序少，便于施工组织和管理。但由于开挖面较大，围岩稳定性降低，且每个循环工作量较大，对于岩质隧道每次深孔爆破引起的震动较大，因此，要求进行精心的钻爆设计，并严格控制爆破作业。

(2) 台阶法

台阶法是隧道施工最为常用的一种方法，因其开挖步骤少，施工速度快而易于为工程技术人员所采用。

根据台阶长度不同，又划分为长台阶法、短台阶法和微台阶法3种。施工中采用哪一种台阶法，要根据2个条件来决定：第一是对初期支护形成闭合断面的时间要求，围岩越差，要求闭合时间越短；第二是对上部断面施工所采用的开挖、支护、出渣等机械设备需要施工场地大小的要求。对软弱围岩，主要考虑前者，以确保施工安全；对较好围岩，主要考虑如何更好地发挥机械设备的效率，保证施工中的经济效益，因此只考虑后一条件。

①长台阶法。长台阶法开挖断面小，有利于维持开挖面的稳定，适用范围较全断面法广，适用于地质条件较差的Ⅲ、Ⅳ、Ⅴ级围岩，在上、下两个台阶上，分别进行开挖、支护、运输、通风、排水等作业，因此台阶长度适当长一些，一般至少为50 m。但台阶长度过长，如大于100 m，则增加了轨道铺设长度，同时其通风、排水难度也大大增加。这样反而降低了施工综合效率，因此推荐台阶长度为50～80 m。

②短台阶法。短台阶法适用于地质条件差的Ⅳ、Ⅴ级围岩，台阶长度定为10～15 m，即1～2倍开挖宽度，主要是考虑拉开工作面，减少干扰，因此，台阶长度不宜过短。上台阶一般采用少药量的松动爆破，出渣采用人工或小型机械转运至下台阶，一般不考虑有轨运输，因此台阶长度不宜过长，如果超过15 m，则出渣所需的时间就过长。

短台阶法可缩短支护闭合时间，改善初期支护的受力条件，有利于控制围岩变形；缺点是上部出渣对下部断面施工干扰较大，不能全部平行作业。

③微台阶法。微台阶法是全断面开挖的一种变异形式，适用于Ⅰ、Ⅱ、Ⅲ级围岩，一般为3～5 m台阶长度，台阶长度小于3 m时，无法正常进行钻眼和拱部的锚喷支护作业；台阶长度大于5 m时，利用爆破将石碴翻至下台阶有较大的难度，必须采用人工翻碴，所以不可取。微台阶法上下断面相距较近，机械设备集中，作业时相互干扰大，生产效率低，施工速度慢。

根据地层情况不同，采用不同的开挖长度，一般在地层不良地段每次开挖进尺采用 0.5～0.8 m，甚至更短，由于开挖距离短，可争取时间架立钢拱架，及时喷射混凝土，减少坍塌现象发生。

(3) 环形开挖留核心土法

环形开挖留核心土法常用于Ⅵ级围岩单线和Ⅴ～Ⅵ级围岩双线隧道掘进。施工顺序为：人工或单臂掘进机开挖环形拱部→架立钢支撑→挂钢丝网→喷射混凝土。在拱部初期支护保护下，开挖核心土和下半部，随即接长边墙钢支撑，挂网喷射混凝土，并进行封底。根据围岩变形，适时施做二次衬砌。

环形开挖留核心土法施工开挖工作面稳定性好，施工较安全，但施工干扰大、工效低。在土质及软弱围岩中使用较多，在大秦线军都山隧道黄土段等隧道施工中均有应用。

(4) CD 法和 CRD 法

CD 法也称中隔墙法，主要适用于地层较差和不稳定岩体，且地面沉降要求严格的地下工程施工。当 CD 法仍不能满足要求时，可在 CD 法的基础上加设临时仰拱，即所谓的 CRD 法（也称交叉中隔墙法）。CRD 法的最大特点是将大断面施工化成小断面施工，各个局部封闭成环的时间短，控制早期沉降好，每个步骤受力体系完整。因此，结构受力均匀，形变小。另外，由于支护刚度大，施工时隧道整体下沉微弱，地层沉降量不大，而且容易控制。

大量施工实例资料的统计结果表明，CRD 法优于 CD 法（前者比后者减少地面沉降近 50%）。但 CRD 法施工工序复杂，隔墙拆除困难，成本较高，进度较慢，一般在地面沉降要求严格时才使用。

(5) 侧壁导坑法

侧壁导坑法分单侧壁导坑和双侧壁导坑，以双侧壁导坑法为例来说明。双侧壁导坑法也称眼镜工法，是变大跨度为小跨度的施工方法。其实质是将大跨度分成三个小跨度进行作业，主要适用于地层较差、断面很大的公路隧道及地下工程。该法工序较复杂，导坑支护拆除困难，有可能由于测量误差而引起钢架连接困难，从而加大了下沉值，而且成本较高，进度较慢。一般采用人工和机械配合施工。

实践证明：选择合理的施工方法，可以安全地施工隧道，并将地表沉降控制在设计要求范围内。因此，选择一种合理的施工方法是工程成败的关键。综合国内外施工经验，基于经济性及工期考虑，其施工方法选择的顺序为：全断面法→台阶法→环形开挖预留核心土法→CD 法→CRD 法→侧壁导坑法。从安全性角度考虑，顺序正好相反。工程实践中，应根据地质条件、断面大小、地面环境等因素从施工方法的可实现性、安全性、工期、适应性、技术性和经济性 6 个方面综合考虑，选择施工方法。

2. 隧道开挖方式

开挖方式是指对隧道范围内岩体的挖除方式（破岩方式），常用的公路隧道开挖方式有人工开挖、机械挖掘及钻眼爆破开挖 3 种。

（1）人工开挖

人工开挖是采用十字镐、风镐等简易工具来挖除岩体。人工开挖对围岩的扰动破坏小，有利于保持围岩原有的稳定能力，但人工开挖速度较慢，劳动强度较大，安全性差，故一般适用于围岩稳定性较差的土质隧道或软岩隧道中。如在不能采用爆破开挖的软弱破碎围岩和土质隧道中，若隧道工程量不大，工期要求不太紧，又无机械或不宜采用机械开挖时，则可以采用人工开挖。人工开挖时，尤其应做好安全防护措施，并安排专人负责工作面的安全观察。

（2）机械挖掘

机械挖掘有 2 方面含义：大型综合机械和一般机械。大型综合机械指的是 TBM 与盾构，一般机械常见的是挖掘机和独臂钻。它们均采用机械方式切削破碎岩土并挖除坑道范围内的岩土。

①挖掘机。挖掘式挖掘机一般用来挖土方，有正铲和反铲之分，隧道挖掘中由于作业空间有限，常用正铲挖掘机。可以将挖掘和装渣同机完成，但其破岩能力有限，一般只适用于挖掘硬土至软塑泥质土，且须配以人工修凿周边。

②掘进机（独臂钻）。采用装在可移动式机械臂上的切削头来破碎岩体，可以挖掘各种土和中硬以下的岩石，它集挖渣、装渣于一身。

（3）钻眼爆破开挖。钻眼爆破开挖是在被爆破岩体各个部位钻孔后，将炸药分散安装于各个钻孔中并引发炸药爆炸，从而爆破坑道范围内的岩体。爆破开挖对围岩的扰动较大，导致围岩稳定能力降低，有时由于爆破震动致使围岩产生坍塌，故其一般只适用于围岩稳定性较好的石质岩体隧道中。但随着控制爆破技术的发展，爆破法的应用范围也逐渐加大，如用于软石及硬土的松动爆破、预裂爆破、水压爆破、毫秒微差爆破等已经成为山岭隧道施工常见的爆破方式。

（五）初期支护

隧道开挖后，为了有效约束和控制围岩变形，增强围岩稳定性，保证施工安全，以及为了确保运营过程中的稳定、耐久，减少阻力和美观，均须施做必要的结构作为支护，通常称为初期支护。

初期支护一般有喷射混凝土、锚杆、钢拱架、钢筋网等以及其组合形式，其应紧跟隧道开挖作业面及时施做，结合监控测量成果，及时封闭成环，保证施工安全。

1. 喷射混凝土施工

喷射混凝土是在地下工程施工中，为尽快使开挖土体面稳定的一种支护措施。它借助喷射机械，利用压缩空气作动力，将水泥、沙、石子、水配合的拌和料，并掺加速凝剂，通过高压管高速喷射到受喷面上，依靠高速喷射时集料的反复连续撞击压密混凝土硬化而成，使喷射的混凝土能够在几分钟内终凝，且强度增长快，并与其他支护措施如锚杆、钢筋网联合形成支护整体共同承受拉应力和剪应力，大幅度地提高工作面土体的承载力，并快速稳定。

(1) 喷射混凝土施工工艺

喷射混凝土施工工艺常有干喷、湿喷及潮喷 3 种，它们之间的主要区别是各工艺流程的投料程序不同，尤其是加水和速凝剂的时机不同。干喷是将骨料、水泥和速凝剂按一定的比例干拌均匀，然后装入喷射机，用压缩空气使干集料在软管内呈悬浮状态送到喷枪，再在喷嘴处与高压水混合，以较高速度喷射到岩面上。湿喷是将集料、水泥和水按设计的比例拌和均匀，用湿式喷射机压送拌和好的混凝土混合料到喷头处，再在喷头上添加速凝剂喷出。潮喷是将骨料预加少量水，使之呈潮湿状，喷射时在喷射口再加剩余的大部分水。在公路工程隧道施工中，应优先选用湿喷，不得使用干喷。

(2) 喷射混凝土用机械设备

为保证喷射混凝土质量，减少粉尘和回弹量，施工中所使用的主要机具设备有喷射机、喷射机械手、强制式搅拌机（拌和机）、压力水泵、压风机（压缩空气机）、上料机等。喷射混凝土施工机具应符合下列规定：

①密封性良好，不漏水、不漏气。

②生产能力（混合料）为 $3 \sim 5 \ m^3/h$。

③输送连续、均匀；允许输送的集料最大粒径为 2.5 cm；输送距离（干混合料）：水平方向为 10 m，垂直方向为 30 m。

④喷射混凝土所选用的空压机，应满足喷射机作业风压和耗风量的要求，作业效率高。

⑤混合料拌和应采用强制式拌和机。喷射机应具有较大的混凝土流动性能。

⑥压风机要求风管不翻风，压力水泵要求水管不漏水，并应经过试运转，检查工作状态是否良好。机械及管路要求检修完好，管路和接头要保持良好；输料管在使用过程中应注意转向连接良好，以减少管道磨损等。

(3) 喷射混凝土施工要点

①喷射混凝土作业前，应做好以下准备工作：

a. 检查开挖断面净空尺寸。

b. 清除松动岩块和墙脚岩渣、堆积物,并向料斗加水冲洗受喷面(当岩面受水容易潮解、泥化时,只能高压风清扫)。

c. 设置控制喷射混凝土厚度的标志。

d. 检查机具设备和风、水、电等管线路并试运转,喷射机应具有良好的密封性能,输料连续、均匀,附属机具的技术条件应能满足喷射作业需要。

e. 岩面如有渗漏水,应妥善处理。

②喷射混凝土配合比设计必须同时满足混凝土性能和喷射混凝土工作度(可喷性)要求。喷射混凝土配合比应通过试验确定,并应遵循下列原则:

a. 水胶比:根据喷射混凝土强度由试验确定,宜控制在0.4～0.5。

b. 用水量:根据混凝土坍落度要求确定(采用减水剂时可降低用水量)。

c. 胶凝材料用量:根据水胶比和用水量计算确定,但不宜小于400 kg/m^3。

d. 砂率:宜为45%～60%。

e. 和易性:喷射混凝土拌和物应无离析和泌水、黏聚性好,喷射混凝土最适宜的坍落度为5～6 cm。

③混凝土喷射作业可参照以下要求进行:

a. 喷射作业应分段分片依次进行,喷射顺序自下而上进行。

b. 一次喷射厚度可根据喷射部位和设计厚度确定,且拱部不得超过6 cm,边墙不得超过10 cm。

c. 喷嘴与岩面保持垂直,且距受喷面1.5～2.0 m为宜。

d. 喷射混凝土时控制好风压和速凝剂掺量,减少回弹量,喷射压力控制在0.15～0.2 MPa为宜。

e. 分层喷射时,后一层喷射应在前一层混凝土终凝后进行。若终凝1 h后再喷射,应用水清洗喷射表面。

f. 对于较大的凹洼处,先喷射填平。

g. 喷射作业紧跟开挖作业面时,下一循环爆破应在喷射混凝土终凝3 h后进行。

h. 有渗水和大面积潮湿的岩面与喷射混凝土不易黏结,为了增加其黏结性,初喷在岩面上的混凝土可适当增加水泥用量。

i. 喷射混凝土作业完成后应及时对机具进行清洗。

④喷射混凝土完成后,应及时进行养护,其养护应符合下列规定:

a. 混凝土喷射终凝2 h后,应采用养护台架进行湿润养护,养护时间不得少于14 d。

b. 黄土或其他土质隧道,以喷雾养护为宜,以防止喷水过多软化下部土层。

c. 隧道内环境气温低于5℃时,不得进行喷水养护。

⑤喷射混凝土在冬期施工时，应满足以下要求：

a. 喷射作业区的气温不应低于5℃，在结冰的岩面上不得喷射混凝土。

b. 混合料进入喷射机料斗前温度不应低于5℃。

c. 对液体速凝剂进行加热处理，温度不应低于10℃（最佳为20℃）。

d. 喷射混凝土强度未达到6 MPa前，不应使其受冻。

⑥喷射混凝土施工作业中的安全与防护应符合下列要求：

a. 施工用作业台架应牢固可靠，并应设置安全栏杆。

b. 应定期检查电源线路和设备的电器部件，确保用电安全。

c. 施工中，应经常检查输料管、接头的磨损情况。有磨损、击穿或松脱等现象时，应及时处理。

d. 检修机械或设备故障时，必须在断电、停风条件下进行，检修完毕向机械设备送电送风前必须事先通知有关人员。

e. 采用加大风压处理堵管事故时，应先关机，将输料管顺直，紧按喷嘴，喷嘴前方禁止站人，疏通管路的工作风压不得超过0.5 MPa。

f. 非施工人员不得进入正在进行喷射的作业区，施工中喷嘴前严禁站人。

g. 喷射作业人员应戴防尘口罩、防护帽、防护眼镜、防尘面具等防护用具，作业人员应避免直接接触碱性液体速凝剂，不慎接触后应立即用清水冲洗。

⑦喷射混凝土施工时应对其质量进行检查，混凝土表面应平整，无空鼓、裂缝、酥松并用喷射混凝土（或砂浆）对基面进行找平处理，平整度用2 m靠尺检查，表面平整度允许偏差一般为10 cm。

2. 钢筋网施工

在喷射混凝土中增设钢筋网，可以防止受喷面由于承受喷射力而塌落，减少回弹量、喷射混凝土层开裂，增强初期支护的整体作用，通常与锚杆或钢架焊接成一体。

钢筋网铺设应符合下列要求：

①钢筋网宜在初喷混凝土后铺挂，使其与喷射混凝土形成一体，底层喷射混凝土厚度不宜小于4 cm。

②砂土层地段应先铺挂钢筋网，沿环向压紧后再喷混凝土。

③采用双层钢筋网时，第二层钢筋网应在第一层钢筋网被混凝土覆盖后铺设，其覆盖厚度不应小于3 cm。

④钢筋网可利用风钻气腿顶撑，以便贴近岩面，钢筋网应与锚杆或其他固定装置连接牢固，与钢架绑扎时，应绑在靠近岩面一侧。

⑤喷射混凝土时，应调整喷头与受喷面的距离、喷射角度，以减少钢筋振动，降低回

弹量,并保证钢筋网喷射混凝土保护层厚度不小于 4 cm。

⑥喷射中如有脱落的石块或混凝土块被钢筋网卡住时,应及时清除。

3. 锚杆施工

锚杆是用金属或其他高抗拉性能材料制作的一种杆状构件。锚杆是锚喷支护中的一个重要组成部分,在锚喷联合支护中起着主要作用。锚杆除了与喷射混凝土联合使用外,也可以单独使用。在隧道开挖过程中,用锚杆作为保证施工安全临时支护很方便。在一些小跨度隧道中,为了简化施工工序,节省材料,也常常单独采用锚杆支护,此时为防止两根锚杆之间岩块掉落可辅以铁丝网、横梁、背板等。隧道开挖后,应尽快安设锚杆,以确保隧道围岩稳定和施工安全。

锚杆种类很多,下面简要介绍公路隧道施工中常用的几种锚杆构造和施工要点。

（1）普通水泥砂浆锚杆

普通水泥砂浆锚杆是以普通水泥砂浆作为黏结剂的全长黏结式锚杆。其施工要点如下:

①砂浆强度等级不低于 M20;水灰比宜为 0.45～0.50,砂的粒径不大于 3 mm,并过筛。

②杆体材料宜用 20MnSi 钢筋,亦可采用 A3 钢筋;直径 14～22 mm 为宜,长度 2～3.5 m。为增加锚固力,杆体内端可以劈口叉开。

③钻孔方向宜尽量与岩层主要结构面垂直。孔钻好后用高压水将孔眼冲洗干净（若向下钻孔须用高压风吹净水）,并用塞子塞紧孔口,以防止石碴或泥土掉入钻孔内。

④锚杆制作及胶黏剂材料应符合设计要求,锚杆应按设计要求的尺寸截取,外端不用垫板的锚杆应先弯制弯头。

⑤黏结砂浆应拌和均匀,随拌随用,一次拌和的砂浆应在初凝前用完。

（2）早强水泥砂浆锚杆

早强水泥砂浆锚杆的构造、设计和施工,与普通水泥砂浆锚杆基本相同。不同的是,早强水泥砂浆杆的胶黏剂是由硫铝酸盐早强水泥、砂、早强剂和水组成。因此,它具有早期强度高、承载快、安装较方便等优点,可弥补普通水泥砂浆锚杆早期强度低、承载慢的不足。尤其是在软弱、破碎、自稳时间短的围岩中使用早强水泥砂浆锚杆能显出其优越性。另外,以树脂或快硬水泥作为胶黏剂的全长黏结式锚杆,也具有以上优点。但因费用较高,所以在一般隧道工程中较少使用。

（3）早强药包内锚头锚杆

早强药包内锚头锚杆施工除按普通水泥砂浆锚杆的规定施工外,尚应符合以下规定:

①药包使用前应检查,要求无结块、未受潮。药包浸泡宜在清水中进行,随泡随用。

②药包直径宜较钻孔直径小 20 mm 左右，药卷长度一般为 20～30 cm。锚杆杆体插入时应注意旋转，使药包充分搅拌均匀。

③将浸好水的水泥卷用锚杆送到眼底，并轻轻捣实。若中途受阻，应及时处理。若处理时间超过水泥终凝时间，则应换装新水泥卷或钻眼作废。

④将锚杆外端套上连接套筒（带有六角旋转头的短锚杆；断面打平，对中焊上锚杆螺母），装上搅拌机，然后开动搅拌机，带动锚杆旋转搅拌水泥浆，并用人力推进锚杆至眼底再保持 10 s 搅拌时间（搅拌时间为 30～40 s）。

⑤采用树脂药包时，还应注意搅拌时间应根据现场气温决定。20℃时，固化时间为 5 min。温度下降 5℃，固化时间大约会延长 1 倍，即 15℃时为 10 min，10℃时为 20 min。因此，地下工程在正常温度下，搅拌时间约为 30 s。温度在 10℃以下时，搅拌时间可适当延长为 45～60 s。

（4）缝管式锚杆

缝管式锚杆是一种全长锚固，主动加固围岩的新型锚杆。它立体部分是一根纵向开缝的高强度钢管。安装于比管径稍小的钻孔时，可立即在全长范围内对孔壁施加径向压力和阻止围岩下滑的摩擦力，加上锚杆托盘托板的承托力，从而使围岩处于三向受力状态。

缝管式锚杆其施工要点如下：

①应根据需要和机具能力选择不同直径的钻头和管径，通过现场试验确定最合理的径差。一般要求杆体材料具有较高的弹性极限。

②采用一般风动凿岩机时应配备专用冲击器。宜随钻眼随安设锚杆，也可集中钻孔、集中安设锚杆，此时不得隔班隔日安设锚杆。

③安设锚杆前应吹孔，并核对孔深是否符合设计要求。安设前应检查风压，风压不得小于 0.4 MPa。

④安装时先将锚杆套上垫板，将带有挡环的冲击钎杆插入锚管内（锚杆应在锚管内自由转动），钎杆尾端套入凿岩机或风镐的卡套内，锚头导入钻孔，调正方向，开动凿岩机，即可将锚杆打入钻孔内，至垫板压紧围岩为止。停机取出钎杆即告完成。一根 2.5 m 长的锚杆，一般用 20～60 s 即可安装完毕。

⑤在安设推进锚杆过程中，要保持凿岩机、锚杆、钻孔中心线在同一轴线上。凿岩机在推进过程中，适当放水冷却冲击器。锚杆推到末端时，应降低推进力。当垫板抵紧岩石时，应立即停机，以免损坏垫板和挡环。

⑥若作为永久支护，则应做防锈处理，并灌注有膨胀性砂浆。

（5）楔缝式内锚头锚杆

其施工要点如下：

①楔缝式内锚头锚杆安装前，应将杆体与部件（楔子、胀壳、托板）组装好。锚杆插

入钻孔时楔子不得偏斜或脱落。楔缝式内锚头锚杆安装时先将楔块插入楔缝，轻轻敲击使其固定于缝中，然后插入眼底，并以适当的冲击力冲击锚杆尾，至楔块全部插入楔缝为止。打紧楔块时应注意丝扣不被损坏。为了防止杆尾受到冲击力发生变形，可采用套筒保护。

②一般要求杆具有一定的预张力，可采用测力矩扳手或定力矩扳手来拧紧螺母，以控制锚固力。楔缝式锚杆安设后应立即上好托板，并拧紧螺帽。

③若要求在楔缝式内锚头锚杆的基础上再注浆加固，则除按砂浆锚杆注浆外，预张力应在砂浆初凝前完成，并注意减少砂浆收缩率。

④若只做临时支护，则可改楔缝式锚杆为楔头式或胀壳式锚杆。楔头式锚杆及胀壳式锚杆杆体均可以回收，但锚头加工制作较复杂，故一般在煤矿或其他坑道中应用多。

(6) 胀壳式内锚头预应力锚索

胀壳式内锚头预应力锚索主要由机械胀壳式内错头、锚索（钢绞线）外锚头以及灌注的黏结材料等组成。其施工要点如下：

①胀壳式内锚头预应力锚索的加工，应符合设计质量要求，在存放、运输及安装过程中不能有损伤、变形。

②钻孔一般采用冲击式潜孔钻，也可选用各种旋转式地质钻。钻孔完毕后应丈量孔深和予以清洗，并做好孔口现浇混凝土支墩。

③锚索安装要平直不紊乱，同时安设排气管。

④锚索推送就位后，即可进行安装千斤顶张拉。一般先用20%～30%预应力预张拉1～2次，促使各相连部位接触紧密，使钢锚索平直。最终张拉值有5%～10%超张拉量，以保证预应力损失后仍能达到设计要求的有效预应力。预张拉时，千斤顶后严禁站人，以防不测。

⑤预应力无明显衰减时，才最后锁定，且48 h内再检查。

⑥注浆应饱满，注浆达到设计强度后进行外锚头覆盖。

4. 钢拱架施工

钢拱架是在隧道开挖初期支护期间，为使围岩保持稳定而按照隧道开挖轮廓线布设的由钢筋格栅或型钢、钢轨等制成的支护骨架结构。钢拱架安装后可达到支撑围岩稳定、限制围岩变形的目的，它通常与钢筋网、喷射混凝土等结合共同受力。公路工程隧道施工中采用的钢拱架以格栅拱架和型钢拱架为主。

钢拱架施工应符合下列要求：

(1) 制作

钢拱架应按照设计图纸分节制作，所用钢材规格、型号、材质应满足设计要求和国家有关现行技术标准规定。

（2）安装

①钢拱架应在初喷混凝土后及时架设。

②安装前应清除底脚虚渣及杂物。当拱脚开挖超深时，加设钢板或混凝土垫块，安装后利用锁脚锚杆定位固定。

③钢架安装时，应严格控制其内轮廓尺寸，且预留沉降量，防止侵入衬砌净空。钢架与围岩间的间隙必须用喷射混凝土充填密实；钢架应全部被喷射混凝土覆盖，保护层厚度不得小于40 mm。

④钢架外缘应与基面密贴，如有缝隙，应每隔2 m用钢楔或混凝土预制块楔紧。

⑤各节钢架间应以螺栓连接，连接板应密贴，连接板局部缝隙不得超过2 mm。

⑥安装允许偏差：横向和高程为±5 cm，垂直度为±2°。

⑦钢架之间宜用直径为22 mm钢筋采用焊接方式连接，环向间距应符合设计要求。

（六）仰拱和仰拱填充施工

仰拱是指二次衬砌的底部，仰拱填充是为行车道建立的一个基础平台。仰拱及仰拱填充通常初期支护后施工，且宜超前拱墙混凝土施工，其超前距离宜保持在3倍以上拱墙循环作业长度。

仰拱施做时一般应全幅施工，全幅灌注，仰拱、填充应分别浇筑。仰拱和底板混凝土强度达到5 MPa后，行人方可通行。达到设计强度的100%后，车辆方可通行。施工中为减少仰拱施工与出渣运输干扰，现在一般采用仰拱栈桥。

1. 施工程序

仰拱施工时，首先开挖仰拱土石方。在铺设仰拱栈桥，对仰拱底部进行清理并施做防水隔离层后，立模板（仰拱和填充层在施工缝处错开50 cm，预埋接茬钢筋，拆模后施工缝进行凿毛处理）并浇筑混凝土，混凝土从轨行式或轮式混凝土输送车直接输入，插入式振捣器捣固密实；待混凝土养护到设计强度后，将仰拱移至下一幅施工。仰拱填充及铺底超前拱墙衬砌台车，为拱墙衬砌台车轨道铺设提供条件。

2. 施工技术措施及要点

①测量放线。根据设计图纸放出高程和中线控制线。

②仰拱混凝土浇筑前应清除积水、杂物、虚渣等。对于超挖部分，超挖在允许范围内时，应采用与衬砌相同强度等级的混凝土进行浇筑；超挖大于规定时，应按设计要求回填，不得用洞渣随意回填，严禁片石侵入仰拱断面。

③仰拱混凝土浇筑必须使用模板，混凝土应振捣密实。

④仰拱施工缝和变形缝处应按设计要求进行防水处理。

⑤仰拱填充严禁与仰拱同时施工，宜在仰拱混凝土终凝后施做。

（七）防水隔离层

防水隔离层是隧道防水构造中的关键层位，其施工质量的优劣直接关系到隧道营运期间的正常使用。

一般隧道防水隔离层的主要施工程序为：基面处理→缓冲层施工→防水板铺设→防水板搭接→质量检验。

1. 基面处理

①喷射混凝土基面的表面应平整。两凸出体的高度与间距之比，拱部不大于1/8，其他部位不大于1/6，否则应进行基面处理。

②拱墙部分自拱顶向两侧将基面外露的钢筋头、铁丝、锚杆、排水管等尖锐物切除锤平，并用砂浆抹成圆曲面。

③欠挖超过5 cm部分须做处理。

④仰拱部分用风镐修凿，清除回填渣土和喷射混凝土回填料。

⑤隧道断面变化或突然转弯时，阴角应抹成半径大于10 cm圆弧，阳角应抹成半径大于5 cm圆弧。

⑥检查各种预埋件是否完好。

⑦喷射混凝土强度要求达到设计强度。

2. 缓冲垫层的铺设

常用的缓冲材料有土工布和聚乙烯泡沫塑料，铺设过程如下：

①将垫衬横向中线与隧道中线对齐。

②由拱顶向两侧边墙铺设。

③采用与防水板同材质的80 mm专用塑料垫圈压在垫衬上，采用射钉或胀管螺丝锚固。

④衬垫缝搭接宽度不小于5 cm。

⑤锚固点应垂直基面且不得超出垫圈平面，锚固点呈梅花形布置。锚固点间距，拱部为0.5~0.7 m，边墙为1.0~1.2 m，凹凸处应适当增加锚固点。

3. 防水板铺设

防水板铺设多采用无钉（暗钉）铺设法。无钉铺设法是先在喷混凝土基面用明钉铺设法固定缓冲层，然后将防水板热焊或黏合在缓冲层垫圈上，使防水板无穿透钉孔。其铺设要点如下：

①防水板须环向铺设,相邻两幅接缝错开,结构转角处错开不小于规定值。

②防水板短长边搭接均以搭接线为准。防水板搭接处采用双焊缝焊接,焊接宽度不小于 10 mm,且均匀连续,不得有假焊、漏焊、焊焦、焊穿等现象。

③防水板铺设应自上而下进行,铺设时根据基面平整度的不同,应留出足够的富余,防止浇筑混凝土衬砌时因防水板绷得太紧而拉坏防水材料或使衬砌背后形成积水。

④检查焊接质量和修补质量时,严禁在热的情况下进行,更不能用手撕。

⑤防水板铺设可采用半自动铺挂台车或自制台车进行。

4. 防水板搭接

防水板搭接是保证防水层防水效果的关键环节,通常采用自动爬行热合机双焊缝焊接。

采用无射钉施工防水隔离层时,防水板是焊接在热融垫片表面。

焊接前首先将防水板铺设平整、舒展,并将焊接部位的灰尘、油污、水滴擦拭干净。焊缝接头处不得有气泡、褶皱及空隙,而且接头处要牢固,强度不得小于同一种材料。焊接时,严格掌握焊接速度或焊接时间,防止过焊或焊穿防水材料;防水板之间搭接宽度为 10 cm,双焊缝每条缝宽 1 cm,两条焊缝间留不小于 1.5 cm 宽空腔做充气检查用。焊缝处不允许有漏焊、假焊,凡烤焦、焊穿处必须用同种材料片焊接覆盖。防水板搭接要求呈鱼鳞状,以便于排水。

5. 质量检验

①在洞外检查防水板及土工布的颜色、厚度、合格证是否符合要求。

用手将已固定好的防水板上托或挤压,检查其是否与喷混凝土层密贴,检查防水板有无破损、断裂、小孔,吊挂点是否牢固,焊缝有无烤焦、焊穿、假焊和漏焊现象,搭接宽度是否符合设计,焊缝表面是否平整光滑,有无波形断面。

防水板安装后至混凝土浇筑前这段时间的施工非常容易损伤防水卷材,从而影响整体的防水效果。如果防水卷材两面的颜色是对比色,裂痕或损伤会明显地表现出卷材内层较深的颜色。这样可直接看出安装好的卷材整体质量,对破损处可通过焊接同材质的材料进行修补。

②防水板焊接质量检测。防水板铺设应均匀连续,焊缝宽度不小于 20 mm,搭接宽度不小于 100 mm,焊缝应平顺、无褶皱、均匀连续,无假焊、漏焊、焊过、焊穿或夹层等现象。检查方法有压气检查、压缩空气枪检查、焊缝拉伸强度、抗剥离强度检查等。

检查出防水板上有破坏之处时,必须立即做出明显标记,以便毫不遗漏地把破损处修补好,补后一般用真空检查法检查修补质量。补丁不得过小,离破坏孔边缘不小于 7 cm。补丁要剪成圆角,不要有正方形、长方形、三角形等尖角。

6. 混凝土施工防水板保护

①底板防水层可使用细石混凝土保护。

②衬砌结构钢筋绑扎时不得划伤或戳穿防水板，钢筋头采用塑料帽保护。焊接钢筋时，用非燃物（如石棉板）隔离。

③浇筑混凝土时，振捣棒不得接触防水层。

（八）模筑二次衬砌拱墙

1. 施工条件

隧道初期支护完成后，为防止围岩不致因暴露时间过长而风化、松动和坍落，降低围岩稳定性，需要开展二次衬砌拱墙施工。

二次衬砌拱墙的施做，一般情况下应在围岩和初期支护变形基本稳定后进行。变形基本稳定应符合以下条件：隧道周边变形速率明显下降并趋于缓和；或水平收敛（拱脚附近7 d平均值）小于 0.2 mm/d，拱部下沉速度小于 0.15 mm/d；施做二次衬砌前的累计位移值，已达到极限。

2. 施工设备

二次衬砌拱墙常采用整体式液压衬砌台车进行施工，台车长度一般为 8～12 m。

3. 施工工艺流程

模筑二次衬砌拱墙的施工工艺流程主要是：监控测量确定施做二次衬砌时间→断面检查→布设衬砌台车轨道→钢筋安装→台车就位→台车净空、衬砌厚度检查→台车面板整修→台车加固→挡头板安装→混凝土浇筑→拆模、养护→衬砌内净空检查、外观检查。

(1) 监控测量

根据设计资料，对隧道拱顶下沉量、仰拱顶隆起量及隧道周边位移进行监控测量。通过以上监控测量数据，判定围岩及隧道稳定性、支护参数合理性，为二次衬砌拱墙浇筑时间提供依据。

(2) 断面检查

根据隧道中线和水平测量，检查开挖断面是否符合设计要求，欠挖部分按规范要求进行修凿，并做好断面检查记录，墙脚地基应挖至设计标高。在浇筑前清除虚渣，排除积水，找平支承面。

(3) 钢筋安装

若设计文件中有衬砌钢筋，则应按照设计文件进行加工和安装，其施工质量符合相关要求，重点是严格控制保护层厚度。安装钢筋时小心损伤防水层，若防水层损坏，必须将防水层修补好，严防漏水、渗水。

(4) 布设台车轨道

根据隧道中线、高程、断面尺寸及台车构造，确定台车轨道。轨道铺设应稳固，其位移和沉降量均应符合施工误差要求。

(5) 台车模板定位

台车模板定位一般采用五点定位法，即以衬砌圆心为原点建立平面坐标系，通过控制顶模中心点、顶模与侧模的钣接点、侧模的底脚点来精确控制台车就位。

曲线隧道应考虑内外弧长误差引起的左右侧搭接长度变化，以使弧线圆顺，减少接缝错台。台车模板应与混凝土有适当的搭接（≥10 cm，曲线地段指内侧），撑开就位后检查台车各节点连接是否牢固，有无错动移位情况，模板是否翘曲或扭动，位置是否准确，保证衬砌净空。为避免在浇筑拱墙混凝土时台车上浮，还须在台车顶部加设木撑或千斤顶。同时检查工作窗状况是否良好。

轨道布设和台车就位后，根据隧道中线、标高及断面尺寸，进行台车位置、尺寸、净空及衬砌厚度检查。为保证隧道净空，模板放样时，将设计的衬砌轮廓线扩大5 cm。拱顶预留2～3 cm的沉降量，每次台车就位，模板放样均控制在此范围内，以保证模板拼接缝的连续、顺直。

(6) 混凝土制备与运输

由于洞内空间狭小，混凝土多在洞外拌制好后，用运输工具运送到工作面再浇筑。其实际待用时间主要是运输时间，隧道长大和运距较远时，运输工具选择应注意装卸方便，运输快速，保证拌好的混凝土在运输过程中不发生漏浆、离析、泌水、坍落度损失和初凝等现象，可结合工程情况，选用各种斗车、罐式混凝土运输车或输送泵等机械。

(7) 混凝土浇筑

在做好上述准备工作后，即可进行混凝土浇筑。隧道衬砌混凝土的浇筑应注意以下几点：

①保证捣固密实，使衬砌具有良好的抗渗防水性能，尤其应处理好施工缝。

②整体模筑时，应注意对称浇筑，两侧同时或交替进行，以防止未凝混凝土对拱架模板产生偏压而使衬砌尺寸不合要求。

③若因故不能连续浇筑，应按规定进行接茬处理。衬砌接茬应为半径方向。

④边墙基底以上1 m范围内的超挖，宜用同级混凝土同时浇筑。其余部分的超、欠挖应按设计要求及有关规定处理。

⑤衬砌的分段施工缝应与设计沉降缝、伸缩缝及设备洞位置统一考虑，合理确定位置。

⑥封口方法。当衬砌混凝土浇筑到拱部时，须改为沿隧道纵向进行浇筑，边浇筑边铺封口模板，并进行人工捣固，最后堵头，这种封口称为"活封口"。两段衬砌相接时，纵

向活封口受到限制，此时只能在拱顶中央留出一个 50 cm×50 cm 缺口，待后进行"死封口"。采用整体式模板台车配以混凝土输送泵时，可以简化封口。

（8）养护

隧道施工过程中，多数情况下洞内湿度能够满足混凝土的养护条件。但在干燥无水的地下时，则应注意进行洒水养护。采用普通硅酸盐水泥拌制的混凝土，其养护时间一般不少于 7 d；掺有外加剂或有抗渗要求的混凝土，其养护时间一般不少于 14 d。养护用水的温度应与环境温度基本相同。

（9）拆模

二次衬砌拆模时间应符合以下要求：

①在初期支护变形稳定后施工的二次衬砌混凝土强度应达到 8 MPa 以上。

②初期支护未稳定，二次衬砌提前施做时，混凝土强度应达到设计强度的 100% 以上。

③特殊情况下，应根据试验及监控测量结果确定拆模时间。

（九）监控测量

新奥法施工中监控测量是一项非常重要的工作。通过监控测量，掌握围岩和支护动态变位情况，及时提供围岩稳定程度和支护结构可靠性的安全信息，确保隧道安全、经济、快速地施工。

1. 监控测量的内容及方法

在工程施工中，将监控测量的内容按其重要性划分为必测项目和选测项目。

2. 监控测量相关要求

（1）隧道施工过程中应进行洞内、外观察，洞内观察分开挖工作面观察和已支护地段观察 2 部分。

①开挖工作面观察应在每次开挖后进行。及时绘制开挖工作面地质素描图，填写开挖工作面地质状态记录表和施工阶段围岩级别判定卡。对已支护地段的观察每天应进行一次，主要观察围岩、喷射混凝土、锚杆和钢架等工作状态。观察中发现围岩条件恶化时应立即上报设计、监理单位，采取相应处理措施。

②洞外观察重点应在洞口段、岩溶发育区段地表和洞身埋置深度较浅地段，其观察内容应包括地表开裂、地表沉陷、边坡及仰坡稳定状态、地表水渗透情况、地表植被变化等。

（2）周边位移、拱顶下沉和地表下沉等必测项目宜布置在同一断面，其测量面间距及测点数量应根据隧道埋深、围岩级别、断面大小、开挖方法、支护形式等确定。隧道开挖后，应及时进行围岩、初期支护的周边位移测量、拱顶下沉测量；当围岩差、断面大或地表沉降控制要求高时，宜进行围岩体内位移测量和其他测量。洞口段、浅埋段或地表有建（构）筑物，应进行地表沉降测量。

（3）测量部位和测点布置，应根据设计、地质条件、测量项目和施工方法等确定。地表下沉测量尽量与洞内拱顶下沉测量、周边位移测量在同一横断面内。当地表有建（构）筑物时，应在建（构）筑物周围增设地表下沉测点。

（4）对于洞内必测项目，各测点应在不受到爆破影响的范围内尽快安设，并应在每次开挖后 12 h 内取得初读数，最迟不得超过 24 h，并且在下一循环开挖前必须完成。选测项目测点埋设时间根据实际需要进行。测点应牢固、可靠、易于识别，应能真实地反映围岩、支护的动态变化信息。洞内必测项目各测点应埋入围岩中，深度不应小于 0.2 m，不应焊接在钢支撑上，外露部分应有保护装置。

（5）各项测量作业均应持续到变形基本稳定后 15～20 d 结束。对于膨胀性和挤压性围岩，位移没有减小趋势时，应延长测量时间。

3. 监控测量数据处理及应用

由于现场测量所得的原始数据不可避免地具有一定的离散性，其中包含着测量误差甚至测试错误，不经过整理和数学处理的测量数据一时难以直接利用。数据处理的目的是将同一测量断面的各种测量数据进行分析对比、相互印证，以确认测量结果的可靠性，同时探求围岩变形或支护系统的受力随时间变化规律、空间分布规律，判断围岩和支护系统稳定状态。

（1）隧道现场监控测量应成立专门测量小组，负责日常测量、数据处理和仪器保养维修工作，并及时将测量信息反馈给施工部门和设计单位。测点埋设宜在施工部门配合下，由测量小组完成。各预埋测点应牢固可靠，不得任意撤换和破坏。

（2）现场监控测量应按测量方案认真组织实施，并与其他施工环节紧密配合，不得中断工作。

（3）测量数据整理、分析与反馈应符合下列规定：

a. 对初期的时态曲线应进行回归分析，预测可能出现的最大值和变化速度，掌握位移变化的规律。

b. 数据异常时，应及时分析原因，提出对策和建议，并及时反馈给有关单位。

（4）竣工文件中应包括下列测量资料：

a. 现场监控测量计划。

b. 实际测点布置图。

c. 围岩和支护的位移—时间曲线图、空间关系曲线图，以及测量记录汇总表。

d. 测量变更设计和改变施工方法地段的信息反馈记录。

e. 现场监控测量说明。

(5) 已竣工并交付运营的隧道，经批准后应进行长期运营测量时，运营测量点应在施工期间埋设并移交运营管理单位。运营测量由运营管理单位设专人进行，或委托第三方进行。

（十）拱顶注浆

浇筑衬砌混凝土时，虽然要求将超挖部分回填，但由于施工方法的原因，其中有些部位并不可能回填得很密实。这种情况在拱顶背后一定范围内较为明显。因此，要求在衬砌混凝土达到设计强度后，对这些部位进行压浆处理，以使衬砌与围岩密贴全面紧密接触，以达到限制围岩后期变形、改善衬砌受力工作状态的目的。压浆浆液材料多采用单液水泥浆。

（十一）安全文明施工

1. 施工安全风险评估

公路工程隧道施工应根据交通运输部的要求，在隧道施工前进行施工安全风险评估。

（1）评估的范围

①穿越高地应力区、岩溶发育区、区域地质构造、煤系地层、采空区等工程地质或水文地质条件复杂的隧道，黄土地区、水下或海底隧道工程。

②浅埋、偏压、大跨度、变化断面等结构受力复杂的隧道工程。

③长度 3000 m 及以上的隧道工程，Ⅵ、Ⅴ级围岩连续长度超过 50 m 或合计长度占隧道全长的 30% 及以上的隧道工程。

④连拱隧道和小净距隧道工程。

⑤采用新技术、新材料、新设备、新工艺的隧道工程。

⑥隧道改扩建工程。

⑦施工环境复杂、施工工艺复杂的其他隧道工程。

（2）评估分类

隧道工程施工安全风险评估分为总体风险评估和专项风险评估。

①总体风险评估。隧道工程开工前，根据隧道工程的地质环境条件、建设规模、结构特点等风险环境与致险因子，估测隧道工程施工期间的整体安全风险大小，确定其静态条件下的安全风险等级。

②专项风险评估。隧道工程总体风险评估等级达到Ⅲ级（高度风险）及以上时，将其中高风险施工作业活动（或施工区段）作为评估对象。根据其作业风险特点以及类似工程事故情况，进行风险源普查，并针对其中的重大风险源进行量化估测，提出相应的风险控制措施。

(3) 评估内容

隧道工程施工安全风险评估工作包括制订评估计划、选择评估方法、开展风险分析、进行风险估测、确定风险等级、提出措施建议、编制评估报告等方面。

(4) 评估工作实施

①隧道工程施工安全风险评估工作原则上由施工单位具体负责。被评估项目含多个合同段时，总体风险评估应由建设单位牵头组织，专项风险评估工作仍由合同施工单位具体实施。施工单位的施工经验或能力不足时，可委托行业内安全评估机构承担相关风险评估工作。评估工作负责人应当具有5年以上的工程管理经验，并有参与类似工程施工的经历。

②风险评估工作应形成评估报告。评估报告应反映风险评估过程的主要工作。报告内容应包括评估依据、工程概况、评估方法、评估步骤、评估内容、评估结论及对策建议等。评估结论应当明确风险等级，可能发生事故的关键部位、区域或节点，事故可能性等级，规避或者降低风险的建议措施等内容。

③施工单位应根据风险评估结论，完善施工组织设计和危险性较大工程专项施工方案，制订相应的专项应急预案，对项目施工过程实施预警预控。

④风险评估报告经监理工程师审核后应向建设单位报备。建设单位应对极高风险（Ⅳ级）的施工作业，组织专家或安全评估机构进行论证或复评，提出降低风险的措施建议；当风险无法降低时，应及时调整设计、施工方案，并向公路工程安全生产监督管理部门备案。

⑤监理工程师在审查工程施工组织设计文件、危险性较大工程专项施工方案、应急预案时，应同时审查施工安全风险评估报告；无风险评估报告，不得签发开工令。工程开工后，监理工程师应督查施工单位安全风险控制措施的落实情况，并予以记录。对施工中存在的重大隐患应及时指出并督促整改，对施工单位拒不整改的，应及时向建设单位及公路工程安全生产监督管理部门报告。

⑥隧道工程施工安全风险评估应遵循动态管理的原则，当工程设计方案、施工方案、工程地质、水文地质、施工队伍等发生重大变化时，应重新进行风险评估。

2. 安全管理

①隧道开工前，施工单位技术人员应向施工作业人员进行技术和安全交底，详细说明隧道质量和安全的有关技术要求和重大危险源，技术和安全交底台账必须签字确认。应落实工前教育制度，规范进洞管理。

②监理工程师应按规定认真审查施工单位的质量安全保证体系，审查隧道施工组织设计中安全技术措施或者专项施工方案是否符合工程建设强制性标准并监督检查实施情况；

对危险性较大的分部分项工程,还应当审查施工单位是否单独编制安全专项施工方案,并按规定组织专家进行论证、审查。

③施工单位对建设单位预付的安全生产费用应当专户存储,专款专用,不得挪作他用。实行工程总承包的单位依法将工程分包给其他单位的,总承包单位应当与分包单位在分包合同中明确由分包单位实施的安全施工措施和分包工程安全生产费用。严禁总承包单位拖欠分包单位的安全生产费用。监理工程师应认真监督检查施工单位安全生产费用使用情况,监督施工单位是否用于购买和更新合格的安全防护用具和设施,落实安全施工措施,改善安全生产条件。施工现场存在安全事故隐患、未落实安全生产费用的,监理工程师应立即要求其改正,施工单位拒不改正的,监理工程师应当及时向有关单位报告。

④洞身开挖过程中,为保证洞内工作人员施工安全,软弱围岩地段应配备报警设施和足够长度的、可手动拆卸的逃生钢管,要求管壁厚不小于 10 mm,管径不小于 600 mm,每节管长宜为 1 500~2 000 mm。高压气、高压水钢管应尽可能靠近掌子面;钻孔台车应常备卸管头的扳手和应急照明工具。

⑤施工单位应制订专门的应急救援预案,备好应急抢险物资,定期组织应急演练。要求每个合同段设置一处抢险物资储备点。

⑥应在隧道所有作业台架上安装防护彩灯或反光标志,确保车辆通行安全;在台架底部配置消防器材,便于应急火灾事故。

⑦爆破作业及火工物品的管理,必须遵守现行有关规定。对有瓦斯溢出的隧道,应按现行要求,并根据隧道的地质情况、瓦斯溢出程度和设备条件,制订适宜的施工方案。

⑧运输车辆不得人料混装,洞内运输车辆必须限速行驶。洞内倒车与转向,必须开灯鸣笛;洞口、平交道口和狭窄的施工场地应设置"缓行"标志,必要时应安排人员指挥交通。

⑨隧道施工中必须密切注意围岩及地下水等的变化情况。当施工方法或支护结构不适应于实际围岩状态时,必须采取应急措施,并经批准后及时采用合适的施工方法或支护结构。

⑩隧道内施工设备应靠边停放,远离爆破点;停放点应选择围岩稳定、支护结构已完成、无渗漏水的位置。

3. 文明施工

(1) 施工照明

①成洞段不超过 15 m 设一个固定灯,电线敷设应整齐划一;近掌子面 40 m 内若无敷线,应配备移动式照明灯具,保证洞内照明充足。不安全因素较大的地段应加大照度。在主要交通道路、洞内抽水机站应设置安全照明,漏水地段照明应采用防水灯头和灯罩。

隧道施工照明宜采用荧光灯、荧光高压汞灯、卤钨灯、长弧氙灯或高压钠灯等光源照明。

②成洞段每隔 20 m 在左右两侧边墙离地面 1.2 m 位置设置反光标志。

③对各种电气设备和输电线路应有专人经常进行检查维修、调整等，其作业要求应符合现行规范规程的要求。

(2) 通风与防尘

①隧道施工必须采用综合防尘措施，应加强检查。

应采取机械通风、水幕降尘等防尘措施，并按规定时间测定粉尘和有害气体的浓度。

钻眼作业应采用湿式凿岩。当水源缺乏、容易冻结或岩性不适于湿式凿岩时，可采用带有捕尘设备的干式凿岩，采用防尘措施后应达到规定的粉尘浓度。

凿岩机钻眼时必须先送水后送风。

放炮后必须进行喷雾、洒水，出渣前应用水淋湿石碴和附近的岩壁。

施工人员均应佩戴防尘口罩。

长大隧道还应在压入式的出风口设置喷雾器，以增加空气湿度、降低粉尘含量。

②整个施工过程中，作业环境应符合规范以及有关的职业健康安全标准。

空气中氧气含量，按体积计不得小于 20%。

粉尘允许浓度：每立方空气中含有 10% 以上的游离二氧化硅的粉尘不得大于 2g，每立方空气中含有 10% 以下的游离二氧化硅的矿物性粉尘不得大于 4 mg。

有害气体最高允许浓度：一氧化碳的最高允许浓度为 30 mg/m^3，在特殊情况下，施工人员必须进入工作面时，浓度可为 100 mg/m^3，但工作时间不得大于 30 min；二氧化碳按体积计不得大于 0.5%；氮氧化物（换算成 NO_2）为 5 mg/m^3 以下；甲烷（CH_4）（瓦斯）按体积计不得大于 0.5%，否则必须按现行有关规定办理；二氧化碳浓度不得超过 15 mg/m^3；硫化氢浓度不得超过 10 mg/m^3；氨的浓度不得超过 30 mg/m^3。

隧道内气温不得高于 28℃。

隧道内噪声不得大于 90 dB。

③通风方式的选择与布设应根据隧道长度、施工方法、设备条件、开挖面积以及污染物的含量与种类等情况确定。当主风流的风量不能满足隧道掘进要求时，应设置局部通风系统，并应尽量利用辅助坑道。

④隧道掘进 150 m 以上，隧道施工必须实施管道通风。宜采用大功率风机、大直径风筒压入式通风，长隧道应考虑混合通风方式。单头掘进超过 1200 m 时，应进行专项施工通风设计，并经监理工程师审批。通风应能满足洞内各项作业所需最大风量，每人应供应新鲜空气 3 m^3/min，采用内燃机械作业时，供风量不宜小于 4.5 m^3/（min·kW）。全断面开挖时风速不应小于 0.15 m/s，导洞内不应小于 0.25 m/s，但均不应大于 6 m/s。

⑤通风机具安装及维护

隧道通风机及通风管应设置专人定期维护、修理，如有破损，必须及时修补或更换。

送风式的进风管口应设在洞外，宜距洞口 30 m 以外。

通风管靠近开挖面的距离应根据开挖面大小确定，送风式通风管的送风口距开挖面不宜大于 15 m，排风式风管吸风口距开挖面不宜大于 5 m。

第五章 桥梁施工技术

第一节 明挖扩大基础施工

桥梁基础是桥梁结构物直接与地基接触的部分，是桥梁下部结构的重要组成部分。承受基础传来的荷载的那一部分地层（岩层或土层）则称为地基，地基与基础受到各种荷载后，其本身将产生附加的应力和变形。为了保证桥梁的正常使用和安全，地基和基础必须具有足够的强度和稳定性，变形也应在容许范围之内。根据地基土的上层变化情况、上部结构的要求、荷载特点和施工技术水平，桥梁基础可采用各种类型。

桥梁基础根据埋置深度分浅置基础和深置基础2类，它们的施工方法不同，设计计算原理也不同。浅置基础是在桥台或桥墩下直接修建的埋深较浅的基础（一般小于 5 m）。如若浅层土质不良，则须把基础埋置于较深的良好地层上，这样的基础称为深基础（一般埋置深度大于 5 m）。基础埋置在土层内深度虽较浅，但在水下部分较深，如深水中的桥墩基础，称为深水基础。浅置基础最简单经济，也最常用。当需要设置深基础时，则常采用桩基础或沉井基础，特殊桥位也可能采用其他大型基础或组合形式。

确定基础类型方案主要取决于地质土层的工程性质与水文地质条件、荷载特性、桥梁结构形式及其使用要求，以及材料的供应和施工技术等因素。方案选择的原则是力争做到使用上安全可靠、施工技术上简便可行、经济上合理。因此，必要时应做不同方案的比较，从中得出较为适宜与合理的设计方案及其相应的施工方案。众多工程实例表明，桥梁的地基与基础的设计及施工质量的好坏，是关系到整座桥梁质量的根本问题。因为基础工程是隐蔽工程，如有缺陷，较难发现，也较难弥补或修复，而这些缺陷往往直接影响整座桥梁的使用甚至安危。基础工程施工的进度，经常控制全桥的施工进度，下部工程的造价通常占全桥造价相当大的比重，尤其在复杂地质条件下或深水处修筑基础，更是如此。因此，从事这项工作必须做到精心设计。桥梁是一个整体结构，上、下部结构和地基是共同工作、相互影响的。地基的任何变形都必然引起上、下部结构的相应位移，上、下部结构的力学特征也必然关系到地基的强度和稳定条件。所以，桥梁基础的设计、施工都应紧密结合桥梁结构的特点和要求，全面分析、综合考虑。

一、一般基础开挖的规定

刚性扩大浅基础的施工常采用明挖法，其施工顺序和主要工作包括基础定位放样、基坑的开挖、坑壁支撑、基坑排水、基坑检验和基底土的处理、基础砌筑及基坑的回填等工序。基础开挖的规定如下：

①承包人应在基础开挖开始之前通知监理工程师，以便检查、测量基础平面位置和现有地面标高。在未完成检查测量及监理工程师批准之前不得开挖。为便于开挖后的检查校核，基础轴线控制桩应延长至基坑外加以固定。

②开挖应进行到图纸所示或监理工程师所指定的标高，最终的开挖深度要依设计期间所进行的钻探和土工试验，并结合基础开挖的实际调查资料来确定。在开挖的基坑未经监理工程师批准之前，不得浇筑混凝土或砌筑圬工。

③在原有建筑物附近开挖基坑时，应按规定采取有效防护措施，使开挖工作不致危及附近建筑物的安全，所采用的防护措施须经监理工程师同意。基坑周围不得堆放建筑材料、设备和危及基坑安全的杂物。

④所有从挖方中挖出的材料，如果监理工程师认为适用，可用作回填或铺筑路堤，或按监理工程师批示的其他方法处理。

⑤在基桩处的基坑开挖，应在打桩之前完成。

⑥必要时，挖方的各侧面应始终予以可靠的支撑，并使监理工程师认可。

⑦所有基础挖方都应始终保持良好的排水，在挖方的整个施工期间都不致遭受水的危害。凡在低于已知地下水位的地方进行开挖并构成基础时，承包人必须提交一份建议用于每个基础的排水方法以及为此而采取的各项措施的报告，并取得监理工程师的批准。

⑧在施工期间，承包人应维护天然水道并使地面排水畅通。

⑨基坑开挖至图纸规定基底标高后，如发现基底承载力达不到图纸规定的承载力要求时，承包人应根据实际钻探（或挖探）及土壤实验资料提出地基处理的方案，报告监理工程师审查，并按监理工程师的批示处理。

二、基础的定位放样及施工

基础定位放样，就是将设计图纸上的墩、台位置和尺寸标定到实际工地上去，这主要是测量问题。定位工作可分为垂直定位和水平定位2个方面。垂直定位是定出墩台基础各部分的标高，可借助施工现场的水准基点进行；水平定位是定出基础在平面上的位置，由于定位桩随着基坑的开挖必将被挖去，所以还必须在基坑位置以外不受施工影响的地方，订立定位桩的护桩，以备在施工中能随时检查基坑和基础位置是否正确，而基坑外围通常可用龙门板固定，或在地面上以石灰线标出。为避免雨水冲坏坑壁，基坑顶四周应做好排水，截住地表水，基坑下口开挖的大小应满足基础施工的要求，渗水的土质，基底平面尺寸适当加宽 50～100 cm，便于设置排水沟和安装模板，其他情况可放小加宽尺寸，不设基础模板时，按设计平面尺寸开挖。

三、基础的排水

基础工程必须防止地下水和地表水的渗透和浸湿。由于各种水流经基础有侵蚀、解体等作用，会导致构筑物质量受到较大的影响，以致破坏。此外，在施工中将会遇到很多困难，特别是深水区操作，既影响工期，又不能保证质量。因此，基础施工的防水和排水极为重要，现在应用最多的有表面排水和井点法降低地下水位 2 种。

（一）表面排水法

它是基坑整个开挖过程及基础砌筑和养护期间，在基坑四周开挖集水沟汇集坑壁和基底的渗水，并引向一个或多个比集水沟挖得更深一些的集水坑。集水沟和集水坑应在基础范围以外，在基坑每次下挖以前，必须先挖沟与坑，集水坑的深度要大于抽水机吸水龙头的高度，在吸水龙头上罩竹筐围护，以防土体塞入龙头。这种排水方法设备简单、费用低，一般土质条件下均可以采用。当地基土为饱和粉细砂土等黏聚力较小的细料土层时，由于抽水会引起流沙现象，造成基坑的破坏与坍塌，因此应避免采用表面排水法。

（二）井点法降低地下水位

井点降水是人工降低地下水位的一种方法，故又称井点降水法。在基坑开挖前，在基坑四周埋设一定数量的滤水管（井），利用抽水设备抽水使所挖的土始终保持干燥状态的方法。所采用的井点类型有轻型井点、喷射井点、电渗井点、管井井点、深井井点等。

一般该方法用于地下水位比较高的施工环境中，是土方工程、地基与基础工程施工中的一项重要技术措施，能疏干基土中的水分，促使土体固结，提高地基强度，同时可以减少上坡土体侧向位移与沉降，稳定边坡、消除流沙，减少基底上的隆起，使位于天然地下水以下的地基与基础工程施工能避免地下水的影响，提供比较干的施工条件，还可以减少土方量、缩短工期、提高工程质量和保证施工安全。

四、水中围堰的修建

围堰是指在水力工程建设中，为建造永久性水力设施，修建的临时性围护结构。其作用是防止水和土进入建筑物的修建位置，以便在围堰内排水，开挖基坑，修筑建筑物。一般主要用于水工建筑中，除作为正式建筑物的一部分外，围堰一般在用完后拆除。在桥梁基础施工中，当桥梁墩、台基础位于地表水位以下时，根据当地材料修筑成各种形式的土堰。在水较深且流速较大的河流，可采用木板桩或钢板桩（单层或双层）围堰，现在多使用双层薄壁钢围堰，围堰既可以防水、围水，又可以支撑基坑的坑壁。

（一）围堰分类

围堰应符合以下要求：在材料强度、结构稳定性及防止冲刷等方面应有足够的可靠性；尽量减少渗漏水；水中围堰的堰顶标高一般要求在施工水位 $0.5\sim0.7\ m$ 以上。围堰可用土、石、木、钢、混凝土等材料或预制件修建，在基础工程中并冠以材料命名，也有以结构形式命名的。例如利用下沉沉井作为防水围堰，称沉井围堰，中国江西九江长江大桥使用的双壁钢围堰即属此类。常用的围堰有下列几种：

1. 土围堰

用土堆筑成梯形截面的土堤，迎水面的边坡不宜陡于 1∶2（竖横比，下同），基坑侧边坡不宜陡于 1∶1.5，通常用砂质黏土填筑，土围堰仅适用于浅水、流速缓慢及围堰底为不透水土层处。为防止迎水面边坡受冲刷，常用片石、草皮或草袋填土围护。在产石地区还可做堆石围堰，但外坡用土层盖面，以防渗漏水。

2. 木板桩围堰

深度不大、面积较小的基坑可采用木板桩围堰，为了防渗漏，板桩间应有榫槽相接。当水不深时，可用单层木板桩，内部加支撑以平衡外部压力；水较深时，可用双壁木板桩，双壁之间用铁拉条或横木拉紧，中间填土。其高度通常不超过 $6\sim7\ m$。

3. 木笼围堰

在河床不能打桩、流速较大，同时盛产木材和石料的地区，可用木笼做围堰的堰壁。最常用的形式是用方木做成透空式木笼，迎水面设多层木板防水，就位后，在笼内填石。为减少和河床接触处的漏水，一般用麻袋盛土或混凝土堆置在木笼堰壁外侧。近代也有用钢筋混凝土预制构件装配的笼式围堰。

4. 钢板桩围堰

钢板桩围堰是最常用的一种板桩围堰。钢板桩是带有锁口的一种型钢，其截面有直板形、槽形及 Z 形等，有各种大小尺寸及连锁形式，常见的有拉尔森式、拉克万纳式等。其优点为：强度高，容易打入坚硬土层；可在深水中施工，防水性能好；能按需要组成各种外形的围堰，并可多次重复使用，因此，它的用途广泛。在桥梁施工中常用于沉井顶的围堰、管柱基础、桩基础及明挖基础的围堰等。这些围堰多采用单臂封闭式，围堰内有纵横向支撑，必要时加斜支撑成为一个围笼。

5. 混凝土围堰

一般在河床无覆盖层的岩面，且水压较高处使用，它的主要特点是耐冲刷、安全性大、防透水性好，可以考虑作为永久性结构物的一部分，但施工较困难，一般主要用于水工建筑中，其他土木工程中较少采用。

（二）其他分类

按围堰与水流方向的相对位置分为横向围堰和纵向围堰；按导流期间基坑是否允许淹没分为过水围堰和不过水围堰。

围堰施工应严格按照施工方法和施工艺流程组织施工，尚应注意以下几点：堰底内侧坡脚距基坑顶缘距离不应小于 1.0 m；围堰填筑前应清理堰底处的树根、草皮、石块等杂物，如有冰块必须彻底清除，填筑时应自上游开始至下游合拢；应先在顶部支撑，才可抽水逐层安设支撑；应防止锁口损坏和由于自重而引起变形，在堆存期间应防止变形和锁口内积水，并采用坚固夹具；应在锁口内填充防水混合料，再用油灰和棉絮填塞接缝。

五、基底检验规定与处理

（一）基底检验

基底检验的主要内容包括检查基底平面位置、尺寸大小、基底标高；检查基底土质均匀性、地基稳定性及承载力等；检查基底处理和排水情况；检查施工日志及有关试验资料等。基底平面周线位置允许偏差不得大于 20 cm，基底标高不得超过+5 cm（土质）、+5～20 cm（石质）。

基底检验根据桥涵大小、地基土质复杂情况（如溶洞、断层、软弱夹层、易熔岩等）及结构对地基有无特殊要求等，按以下方法进行：

①小桥涵的地基，一般采用直观或触探方法，必要时进行土质试验。特殊设计的小桥涵对地基沉陷有严格要求，且土质不良时，宜进行荷载试验。对经加固处理后的特殊地基，一般采用触探或做密实度检验等。

②大、中桥和填土 12 m 以上涵洞的地基，一般由检验人员用直观、触探、挖试坑或钻探（钻深至少 4 m）试验等方法，确定土质容许承载力是否符合设计要求。对地质特别复杂，或在设计文件中有特殊要求，或虽经加固处理又经触探、密实度检验后尚有疑问时，须进行荷载试验，确认符合设计要求后，方可进行基础结构物施工。

（二）基底处理

基底处理的主要方法有：换填土法、桩体挤密法、砂井法、袋装砂井法、预压法加固地基、强夯法、电渗法、振动水冲法、深层搅拌桩法、高压喷射注浆法、化学固化剂法等。对于一般软弱地基土层加固处理方法可归纳为以下4种类型：

1. 换填土法

将基础下软弱土层全部或部分挖除，换填力学物理性质较好的土。

2. 挤密土法

用重锤夯实或砂桩、石灰桩、砂井、塑料排水板等方法，使软弱土层挤压密实或排水固结。

3. 胶结土法

用化学浆液贯入或粉体喷射搅拌等方法，使土壤颗粒胶结硬化，改善土的性质。

4. 土工聚合物法

用土工膜、土工织物、土工格栅与土工合成物等加筋土体，以限制土体的侧向变形，增加土的周压力，有效提高地基承载力。

六、基础的施工

桥梁基础的作用是承受上部结构传来的全部荷载，并把它们和下部结构荷载传递给地基。因此，为了全桥的安全和正常使用，要求地基和基础要有足够的强度、刚度和整体稳定性，使其不产生过大的水平变位或不均匀沉降。

与一般建筑物基础相比，桥梁基础埋置较深，由于作用在基础上的荷载集中而强大，加之浅层土一般比较松软，很难承受住这种荷载，故有必要把基础向下延伸，使其置于承载力较高的地基上；对于水中墩台基础，由于河床受到水流的冲刷，桥梁基础必须有足够的埋深，以防冲刷基础底面（简称基底）而造成桥梁沉陷或倾覆事故。一般规定桥梁的明挖、沉井、沉箱等基础的基底按其重要性和维修加固难易，应埋置在河床最低冲刷线以下至少 $2\sim 5$ m。对于冻胀土地基，基底应在冻结线以下至少 0.25 m。对于陆地墩台基础，除考虑地基冻胀要求外，还要考虑生物和人类活动及其他自然因素对表土的破坏，基底应在地面以下不小于 10 m。对于城市桥梁，常把基础顶置于最低水位或地面以下，以免影响市容。基顶平面尺寸应较墩台底的截面尺寸大，以利施工。在水中修建基础，不仅场地狭窄、施工不便，还经常遇到汛期威胁及漂流物的撞击，在施工过程中如遇到水下障碍，还须进行潜水作业。因此，修建水中基础，一般工期长、技术复杂、易出事故、工程量大，造价常常占到整个桥梁造价的一半，故桥梁基础的修建在整个桥梁工程中占有很重要的地位。

为建造基础而开挖的基坑，其形状和开挖面的大小可视墩台基础及下部结构的形式、施工条件的要求，挖成方形、矩形或长条形的坑槽，基坑的深度随基础埋置深度而定。基坑开挖的断面是否设置坑壁围护结构，可视土的类别性质、基坑暴露时间长短、地下水位的高低以及施工场地大小等因素而定，开挖基坑时常采用机械与人工相结合的施工方法，它不需要复杂的机具，技术条件较简单易操作，常用的机具多为位于坑顶由起吊机操纵的挖土斗和抓土斗，大方量的特大基坑也可用铲式挖土机、铲运机和自卸车等。基坑采用机械挖土，挖至距设计标高约 0.3 m 时，应采用人工补挖修整，以保证地基土结构不被扰动破坏。具体工序如下：

（一）准备工作

在开挖基坑前，应做好复核基坑中心线、方向和高程，并应按地质水文资料，结合现场情况，决定开挖坡度、支护方案以及地面的防水、排水措施。放样工作系根据桥梁中心线与墩台的纵横轴线，推算出基础边线的定位点，再放线画出基坑的开挖范围。基坑底部的尺寸较设计平面尺寸每边各增加 0.5~1.0 m，便于支撑、排水与立模板（坑壁垂直的无水基坑坑底，可不必加宽，直接利用坑壁作基础模板亦可）。

（二）基坑开挖

1. 坑壁不加支撑的基坑

对于在干涸河滩、河沟中，或经改河或筑堤能排除地表水的河沟中，在地下水位低于基底，或渗透最少，不影响坑壁稳定，以及基础埋置不深，施工期较短，挖基坑时不影响邻近建筑物安全的场所，可选用坑壁不加支撑的基坑。

黏性土在半干硬或硬塑状态，基坑顶无活荷载，稍松土质，基坑深度不超过 0.5 m，中等密实（锹挖）土质基坑深度不超过 1.25 m，密实（镐挖）土质基坑深度不超过 2.0 m 时，均可采用垂直坑壁基坑。基坑深度在 5 m 以内，土的湿度正常时，采用斜坡坑壁开挖或按坡度比值挖成阶梯形坑壁，每梯高度为 0.5~1.0 m 为宜，可作为人工运土出坑的台阶。基坑深度大于 5 m 时，坑壁坡度适当放缓，或加做平台。土的湿度影响坑壁的稳定性时，应采用该湿度下土的天然坡度或采取加固坑壁的措施。当基坑的上层土质适合敞口斜坡坑壁条件时，下层土质为密实黏性土或岩石可用垂直坑壁开挖，在坑壁坡度变换处应保留至少 0.5 m 的平台。

2. 坑壁有支撑的基坑

当基坑壁坡不易稳定并有地下水，或放坡开挖场地受到限制，或基坑较深、放坡开挖工程数量较大，不符合技术经济要求时，可根据具体情况，采取加固坑壁措施，如挡板支撑、钢木结合支撑、混凝土护壁及锚杆支护等。混凝土护壁一般采用喷射混凝土，根据经验，一般喷护厚度为 5～8 cm，一次喷护需 1～2 h。一次喷护如达不到设计厚度，应等第一次喷层终凝后再补喷，直至要求厚度为止，喷护的基坑深度应按地质条件决定，一般不宜超过 10 m。

第二节　沉入桩基础施工

打入桩又叫沉入桩，是靠桩锤的冲击能量将预制桩打（压）入土中，使土被压挤密实，以达到加固地基的作用。沉入桩所用的基桩主要为预制的钢筋混凝土桩和预应力混凝土桩，沉入桩的施工方法主要包括：锤击沉桩、振动沉桩、射水沉桩、静力压桩以及钻孔埋置桩等。其特点是：①桩身质量易于控制，质量可靠；②沉入施工工序简单，工效高，能保证质量；③易于水上施工；④多数情况下施工噪声和振动的公害大、污染环境；⑤受到运输和起吊等设备条件限制，单节长度有限。

一、沉入桩的预制

预制桩是在工厂或施工现场制成的各种材料、各种形式的桩（如木桩、混凝土方桩、预应力混凝土管桩、钢桩等），用沉桩设备将桩打入、压入或振入土中。建筑施工领域采用较多的预制桩主要是混凝土预制桩和钢桩 2 大类，混凝土预制桩能承受较大的荷载、坚固耐久、施工速度快，是广泛应用的机型之一，但其施工对周围环境影响较大，常用的有混凝土实心方桩和预应力混凝土空心管桩。采用的钢桩主要是钢管桩和 H 型钢桩 2 种，都在工厂生产完成后运至工地使用。

（一）钢筋混凝土实心桩

钢筋混凝土实心桩，断面一般呈方形，桩身截面一般沿桩长不变，实心方桩截面尺寸一般为 200 mm×200 mm、600 mm×600 mm。钢筋混凝土实心桩桩身长度：限于桩架高度，现场预制桩的长度一般在 25～30 m 以内；限于运输条件，工厂预制桩的桩长一般不超过 12 m，否则应分节预制，然后在打桩过程中予以接长，接头不宜超过 2 个。钢筋混凝土实心桩的优点：长度和截面可在一定范围内根据需要选择，由于在地面上预制，制作质量容易保证，承载能力高，耐久性好。因此，工程上应用较广。材料要求：钢筋混凝土实心桩所用混凝土强度等级不宜低于 C30；采用静压法沉桩时，可适当降低，但不宜低于 C20；预应力混凝土桩的混凝土强度等级不宜低于 C40；主筋根据桩断面大小及吊装验算确定，一般为 4～8 根，直径 12～25 mm，不宜小于 ϕ14；箍筋直径为 6～8 mm，间距不大 200 mm，打入桩桩顶 2～3 D（D 为桩截面宽度）长度范围内箍筋应加密，并设置钢筋网片；预制桩纵向钢筋的混凝土保护层厚度不宜小于 30 mm，桩尖处可将主筋合拢焊在桩尖辅助钢筋上，在密实砂和碎石类土中，可在桩尖处包以钢板桩靴，以加强桩尖。

（二）混凝土管桩

混凝土管桩一般在预制厂用离心法生产，桩径有 600～300 mm、400～500 mm 等，每节长度 8 m、10 m、12 m 不等，接桩时，接头数量不宜超过 4 个。管壁内设 $\phi 12$～22 mm，主筋 10～20 根，外面绕以 $\phi 6$ mm 螺旋箍筋，多以 C30 混凝土制造。混凝土管桩各行段之间的连接可以用角钢焊接或法兰螺栓连接，由于用离心法成形，混凝土中多余的水分由于离心力而甩出，故混凝土致密、强度高，抵抗地下水和其他腐蚀的性能好，混凝土管桩应达到设计强度 100%后方可运到现场打桩。堆放层数不超过 3 层，底层管桩边缘应用楔形木块塞紧，以防滚动。

（三）预制桩吊运

钢筋混凝土预制桩应在混凝土达到设计强度等级的 70%时方可起吊，达到设计强度等级的 100%才能运输和打桩。如提前吊运，必须采取措施并经过验算合格后才能进行，起吊时必须合理选择吊点，防止在起吊过程中过弯而损坏，当吊点少于或等于 3 个时，其位置按正负弯矩相等的原则计算确定；当吊点多于 3 个时，其位置按反力相等的原则计算确定。长 20～30 m 的桩，一般采用 3 个吊点。

（四）预制桩运输与堆放

打桩前，桩从制作处运到现场，并应根据打桩顺序随打随运。桩的运输方式，在运距不大时，可用起重机吊运；当运距较大时，可采用轻便轨道小平台车运输。严禁在场地上直接推拉桩体。堆放桩的地面必须平整、坚实，垫木间距应与吊点位置相同，各层垫木应位于同一垂直线上，堆放层数不宜超过 4 层。不同规格的桩，应分别堆放。预应力管桩达到设计强度后方可出厂，在达到设计强度及 14 d 龄期后方可沉桩。预应力管桩在节长 ≤20 m 时宜采用两点捆绑法，大于 20 m 时采用四吊点法。预应力管桩在运输过程中应满足两点起吊法的位置，并垫以楔形垫木防止滚动，严禁层间垫木出现错位。

二、锤击法沉入桩的施工设备

预制桩的沉桩方法有锤击法、静力压桩法、振动法等。锤击法是利用桩锤的冲击克服土对桩的阻力，使桩沉到预定持力层。这是最常用的一种沉桩方法。打桩设备主要有桩锤、桩架和动力装置 3 部分。

（一）桩锤

桩锤对桩施加冲击力，将桩打入土中。主要有落锤、单动汽锤、双动汽锤、柴油锤、液压锤，目前应用最多的是柴油锤。柴油锤是利用燃油爆炸推动活塞往复运动而锤击打桩，活塞质量从几百公斤到数吨。用锤击沉桩宜重锤轻击，若重锤重击，则锤击功大部分被桩身吸收，桩不易打入，且桩头易被打碎。锤重与桩重宜有一定的比值，或控制锤击应力，以防桩被打坏。

（二）桩架

桩架是支持桩身和桩锤，将桩吊到打桩位置，并在沉桩过程中引导桩的方向，保证桩锤沿着所要求的方向冲击的打桩设备。常用的桩架形式有以下3种：

1. 滚筒式桩架

行走靠两根钢滚筒在垫木上滚动。优点是结构比较简单、制作容易，但在平面转弯、掉头方面不够灵活，操作人员较多，适用于预制桩和灌注桩施工。

2. 多功能桩架

多功能桩架的机动性和适应性很大，在水平方向可做360°旋转，导架可以伸缩和前后倾斜，底座下装有铁轮，底盘在轨道上行走，适用于各种预制桩和灌注桩施工。

3. 履带式桩架

以履带起重机为底盘，增加导杆和斜撑组成，用以打桩，移动方便，比多功能桩架更灵活，可用于各种预制桩和灌注桩施工。

三、沉入桩的施工

打桩时，由于桩对土体的挤密作用，先打入的桩被后打入的桩水平挤推而造成偏移和变位或被垂直挤拔造成浮桩，而后打入的桩难以达到设计标高或入土深度，造成土体隆起和挤压，截桩过大。所以，群桩施工时，为了保证质量和进度，防止周围建筑物破坏，打桩前应根据桩的密集程度、规格、长短以及桩架移动是否方便等因素来选择正确的打桩顺序。常用的打桩顺序是由一侧向单一方向进行，自中间向两个方向对称进行，自中间向四周进行。

打桩推进方向宜逐排改变，以免土壤朝一个方向挤压，而导致土壤挤压不均匀。对于同一排桩，必要时还可采用间隔跳打的方式。对于大面积的桩群，宜采用后两种打桩顺序，以免土壤受到严重挤压，使桩难以打入，或使先打入的桩受挤压而倾斜。大面积的桩群宜分成几个区域，由多台打桩机采用合理的顺序进行打设。打桩时对不同基础标高的桩，宜先深后浅；对不同规格的桩，宜先大后小，先长后短，宜防止桩的位移或偏斜。

打桩机就位后，将桩锤和桩帽吊起，然后吊桩并送至导杆内，垂直对准桩位缓缓送下插入土中，垂直偏差不得超过0.5%；然后固定桩帽和桩锤，使桩、桩帽、桩锤在同一铅垂线上，确保桩能垂直下沉。在桩锤和桩帽之间应加弹性衬垫，桩帽和桩顶周围四边应有5～10 mm的间隙，以防损伤桩顶。

打桩开始时，应先采用小的落距（0.5～0.8 m）做轻的锤击，使桩正常沉入土中1～2 m后，经检查桩尖不发生偏移，再逐渐增大落距至规定高度，继续锤击，直至把桩打到设计要求的深度，最大落距不宜大于1 m，用柴油锤时，应使锤跳动正常。在打桩过程中，遇有贯入度剧变、桩身突然发生倾斜、移位或有严重回弹、桩顶或桩身出现严重裂缝或破碎等异常情况时，应暂停打桩，及时研究处理。

打桩有"轻锤高击"和"重锤低击"2种方式：这2种方式，如果所做的功相同，而所得到的效果却不相同。轻锤高击，所得的动量小，而桩锤对桩头的冲击力大，因而回弹也大、桩头容易损坏，大部分能量均消耗在桩锤的回弹上，故桩难以入土；相反，重锤低击，所得的动量大，而桩锤对桩头的冲击力小，因而回弹也小，桩头不易被打碎，大部分能量都可以用来克服桩身与土壤的摩阻力和桩尖的阻力，故桩很快入土。此外，又由于重锤低击的落距小，因而可提高锤击频率，打桩效率也高，正因为桩锤频率较高，对于较密实的土层，如砂土或黏性土也能较容易地穿过，所以打桩宜采用"重锤低击"。

四、试桩试验

打桩质量评定包括2个方面：一是能否满足设计规定的贯入度或标高的要求；二是桩打入后的偏差是否在施工规范允许的范围内。

（一）贯入度标准必须符合设计要求

桩端达到坚硬、硬塑的黏性土、碎石土，中密以上的粉土和砂土或风化岩等土层时，应以贯入度控制为主，桩端进入持力层深度或桩尖标高作参考；若贯入度已达到而桩端标高未达到时，应继续锤击3阵，其每阵10击的平均贯入度不应大于规定的数值；桩端位于其他软土层时，以桩端设计标高控制为主，贯入度作参考。

上述所说的贯入度是指最后贯入度，即施工中最后10击内桩的平均入土深度。贯入度的大小应通过合格的试桩或试打数根桩后确定，它是打桩质量标准的重要控制指标。最后贯入度的测量应在下列正常条件下进行：桩顶没有破坏；锤击没有偏心；锤的落距符合规定；桩帽与弹性垫层正常。打桩时如桩端达到设计标高而贯入度指标与要求相差较大；

或者贯入度指标已满足,而标高与设计要求相差较大,如遇到这2种情况,说明地基的实际情况与原来的估计或判断有较大的出入,属于异常情况,都应会同设计单位研究处理,以调整其标高或贯入度控制的要求。

(二) 平面位置或垂直度必须符合施工规范要求

桩打入后,桩位的允许偏差应符合规范的规定,预制桩(钢桩)桩位的允许偏差必须使桩在提升就位时要对准桩位,桩身要垂直;桩在施打时,必须使桩身、桩帽和桩锤三者的中心线在同一垂直轴线上,以保证桩的垂直入土;短桩接长时,上下节桩的端面要平整,中心要对齐,如发现断面有间隙,应用铁片垫平焊牢;打桩完毕基坑挖土时,应制订合理的挖土方案,以防挖土而引起桩的位移或倾斜。

第三节 钻孔桩基础施工

一、场地准备工作

灌注桩是指在工程现场通过机械钻孔、钢管挤土或人力挖掘等手段在地基土中形成桩孔,并在其内放置钢筋笼、灌注混凝土而做成的桩。依照成孔方法不同,灌注桩又可分为沉管灌注桩、钻孔灌注桩和挖孔灌注桩等几类。钻孔灌注桩是按成桩方法分类而定义的一种桩型。特点:与沉入桩中的锤击法相比,施工噪声和震动要小得多;能建造比预制桩直径大得多的桩;在各种地基上均可使用;施工质量的好坏对桩的荷载力影响很大;因混凝土是在泥水中灌注的,因此混凝土质量较难控制。施工前应根据施工地点的水文、工程地质条件及机具、设备、动力、材料、运输等情况,布置施工现场。具体如下:

①场地为旱地时,应平整场地、清除杂物、换除软土、夯打密实,钻机底座应布置在坚实的填土上。

②场地为陡坡时,可用木排架或枕木搭设工作平台,平台应牢固可靠,保证施工顺利进行。

③场地为浅水时,可采用筑岛法,岛顶平面应高出水面1~2 m。

④场地为深水时,根据水深、流速、水位涨落、水底地层等情况,采用固定式平台或浮动式钻探船。

二、钻孔成桩施工准备

①钻孔场地应清除杂物、换除软土、平整压实。

②开钻前按照施工图纸要求在选定位置进行试桩,根据试桩资料验证设计采用的地质参数,并根据试桩结果确定是否调整桩基设计。根据地层岩性等地质条件、技术要求确定钻进方法和选用合适的钻具。

③对钻机各部位状态进行全面检查,确保其性能良好。

④浅水基础利用草袋围堰构筑工作平台。

三、钻孔方法

钻孔灌注桩的施工,有泥浆护壁法和全套管施工法2种。

(一) 泥浆护壁施工法

冲击钻孔、冲抓钻孔和回转钻削成孔等均可采用泥浆护壁施工法。施工工序如下:

1. 施工准备

施工准备包括:选择钻机、钻具、场地布置等。钻机是钻孔灌注桩施工的主要设备,可根据地质情况和各种钻孔机的应用条件来选择。

2. 钻孔机的安装与定位

安装钻孔机的基础如果不稳定,施工中易产生钻孔机倾斜、桩倾斜和桩偏心等不良影响,因此要求安装地基稳固。对地层较软和有坡度的地基,可用推土机推平,再垫上钢板或枕木加固。

为防止桩位不准,施工中重要的是定好中心位置和正确安装钻孔机。对有钻塔的钻孔机,先利用钻机的动力与附近的地笼配合,将钻杆移动大致定位,再用千斤顶将机架顶起准确定位。使起重滑轮、钻头或固定钻杆的卡孔与护筒中心在一垂线上,以保证钻机的垂直度。钻机位置的偏差不大于2 cm,对准桩位后,用枕木垫平钻机横梁,并在塔顶对称于钻机轴线上拉上缆风绳。

3. 埋设护筒

钻孔成败的关键是防止孔壁坍塌,当钻孔较深时,在地下水位以下的孔壁土在静水压力下会向孔内坍塌,甚至发生流沙现象,钻孔内若能保持孔壁地下水位高的水头,增加孔内静水压力,以防止坍孔,护筒除起到这个作用外,同时有隔离地表水、保护孔口地面、固定桩孔位置和钻头导向作用等。

制作护筒的材料有木、钢、钢筋混凝土3种,护筒要求坚固耐用,不漏水,其内径应比钻孔直径大(旋转钻约大20 cm,潜水钻、冲击或冲抓锥约大40 cm),每节长度2~3 m,一般常用钢护筒。

4. 泥浆制备

钻孔泥浆由水、黏土（膨润土）和添加剂组成，具有浮悬钻渣、冷却钻头、润滑钻具，增大静水压力，并在孔壁形成泥皮，隔断孔内外渗流，防止坍孔的作用。调制的钻孔泥浆及经过循环净化的泥浆，应根据钻孔方法和地层情况来确定泥浆稠度。泥浆稠度应视地层变化或操作要求机动掌握，泥浆太稀，排渣能力小、护壁效果差；泥浆太稠，会削弱钻头冲击功能，降低钻进速度。

5. 钻孔

钻孔是一道关键工序，在施工中必须严格按照操作要求进行，才能保证成孔质量。首先要注意开孔质量，为此必须对好中线及垂直度，并压好护筒。在施工中要注意不断添加泥浆和抽渣（冲击式用），还要随时检查成孔是否有偏斜现象。采用冲击式或冲抓式钻机施工时，附近土层因受到震动而影响邻孔的稳固，所以钻好的孔应及时清孔，下放钢筋笼和灌注水下混凝土。钻孔的顺序也应事先规划好，既要保证下一个桩孔的施工不影响上一个桩孔，又要使钻机的移动距离不要过远和相互干扰。

6. 清孔

钻孔的深度、直径、位置和孔形直接关系到成桩质量与桩身曲直。为此，除了钻孔过程中密切观测监督外，在钻孔达到设计要求深度后，应对孔深、孔位、孔形、孔径等进行检查，在终孔检查完全符合设计要求时，应立即进行孔底清理，避免隔时过长以致泥浆沉淀，引起钻孔坍塌。对于摩擦桩，当孔壁容易坍塌时，要求在灌注水下混凝土前沉渣厚度不大于 30 cm；当孔壁不易坍塌时，不大于 20 cm。

7. 灌注水下混凝土

清完孔之后，就可将预制的钢筋笼垂直吊放到孔内，定位后要加以固定，然后用导管灌注混凝土，灌注时混凝土不要中断，否则易出现断桩现象。

（二）全套管施工法

全套管施工法的主要施工步骤除无须泥浆及清孔外，其他的与泥浆护壁法类同，压入套管的垂直度，取决于挖掘开始阶段的 5～6 m 深时的垂直度，因此应使用水准仪及铅锤校核其垂直度。

四、钻孔故障及处理措施

（一）坍孔

预防措施：根据不同地层，控制使用好泥浆指标；在回填土、松软层及流沙层钻进时，严格控制速度；地下水位过高，应升高护筒，加大水头；地下障碍物处理时，一定要将残留的混凝土块处理清除；孔壁坍塌严重时，应探明坍塌位置，用砂和黏土混合回填至坍塌孔段以上 1～2 m 处，捣实后重新钻进。

(二) 缩径

预防措施：选用带保径装置钻头，钻头直径应满足成孔直径要求，并应经常检查，及时修复；易缩径孔段钻进时，可适当提高泥浆的黏度，对易缩径部位也可采用上下反复扫孔的方法来扩大孔径。

(三) 桩孔偏斜

预防措施：保证施工场地平整，钻机安装平稳，机架垂直，并注意在成孔过程中定时检查和校正；钻头、钻杆接头逐个检查调整，不能用弯曲的钻具；在坚硬土层中不强行加压，应吊住钻杆，控制钻进速度，用低速度进尺；对地下障碍物预先处理干净，对已偏斜的钻孔，控制钻速，慢速提升、下降，往复扫孔纠偏。

五、钢筋骨架吊放故障及预防措施

(一) 钢筋笼安装与设计标高不符

预防措施：钢筋笼制作完成后，注意防止其扭曲变形；钢筋笼入孔安装时要保持垂直；混凝土保护层垫块设置间距不宜过大；吊筋长度精确计算，并在安装时反复核对检查。

(二) 钢筋笼的上浮

钢筋笼上浮的预防措施：严格控制混凝土质量，坍落度控制在（18±3）cm，混凝土和易性要好；混凝土进入钢筋笼后，混凝土上升不宜过快；导管在混凝土内埋深不宜过大，严格控制在 10 m 以下，提升导管时，不宜过快，防止导管钩将钢筋笼带上等。

六、混凝土的灌注及预防措施

①混凝土采用 200～300 mm 钢导管灌注，导管采用吊车分节吊装，丝扣式快速接头连接。灌注前，对导管进行水密、承压试验。

②安装储料斗及隔水栓，储料斗的容积要满足首批灌注下去的混凝土埋置导管深度的要求，封底时导管埋入混凝土中的深度不得小于 1 m；首批混凝土方量是根据桩径和导管

埋深及导管内混凝土的方量而定，将混凝土搅拌运输车内的混凝土倒入封底料斗内，由专人统一指挥，待全部准备好后将隔水栓拉起进行封底，同时混凝土搅拌运输车快速反转，加快出料速度。

③灌注开始后应紧凑连续地进行，不得中断，同时要防止混凝土从漏斗内溢出或从漏斗外掉入孔底；在灌注过程中，技术人员应经常检查孔内混凝土面的位置和混凝土质量，掌握拆除导管时间，严格控制导管埋深，防止导管提漏或埋管过深拔不出而出现断桩；使导管埋入混凝土内的深度始终保持在 $2\sim6\ m$，并做好灌注记录；测深时采用专用测绳及测锤进行，每测一次用钢尺检查深度，以钢尺测量为准，探测至混凝土面时手感有石子碰撞测锤为准，否则为砂浆或沉渣。

④灌注混凝土时，要保持孔内水头，防止出现坍孔。

⑤桩身混凝土灌注顶面高出设计桩顶高程 $0.8\sim1.0\ m$，以保证桩头质量。

七、钻孔灌注桩质量检验要求

①混凝土质量的检查和验收，应符合规范的规定。每桩试件组数一般为 2 组。

②承包人应在监理工程师在场的情况下，对下列规定的钻孔桩，采用经监理工程师同意的无破损检测法，进行桩的质量检验和评价：小桥选有代表性的桩或重要部位的桩进行检测；中桥、大桥及特大桥的钻孔桩，应逐根进行检测。

③承包人应在工地配备能对全桩长钻取 70 mm 直径或较大芯样的设备和经过训练的工作人员，也可以分包给经监理工程师认可的钻探队来承担钻取芯样的工作。

④若设计有规定和监理工程师对桩的质量有疑问时，或在施工中遇到的任何异常情况，说明桩的质量可能低于要求的标准时，应采用钻取芯样对桩进行检验，以检验桩的混凝土灌注质量。对支承桩应钻到桩底 0.5 cm 以下，钻芯检验应在监理工程师指导下进行，检验结果若不合格，则应视为废桩。

⑤当监理工程师对每一根成桩平面位置的复查、试验结果及施工记录都认可后，监理工程师应以书面形式进行批准，在未得到监理工程师的批准前，不得进行该桩基础的其他工作。

第四节　沉井与沉箱基础施工

沉井基础是以沉井法施工的地下结构物和深基础的一种形式，是先在地表制作成一个井筒状的结构物（沉井），然后在井壁的围护下通过从井内不断挖土，使沉井在自重作用下逐渐下沉，达到预定设计标高后，再进行封底，构筑内部结构。广泛应用于桥梁、烟囱、水塔的基础；水泵房、地下油库、水池竖井等深井构筑物和盾构或顶管的工作井。技术上比较稳妥可靠，挖土量少，对邻近建筑物的影响比较小，沉井基础埋置较深，稳定性好，能支撑较大的荷载。沉井是一个无底无盖的井筒，一般由刃脚、井壁、隔墙等部分组成。

沉井按其截面轮廓分，有圆形、矩形和圆端形3类。

①圆形沉井水流阻力小，在同等面积下，同其他类型相比，周长最小，摩阻力相应减小，便于下沉；井壁只受轴向压力，且无绕轴线偏移问题。

②矩形沉井和等面积的圆形沉井相比，其惯性矩及核心半径均较大，对基底受力有利；在侧压力作用下，沉井外壁受较大的挠曲应力。

③圆端形沉井对支撑建筑物的适应性较好，也可充分利用基础的圬工，井壁受力也较矩形有所改善，但施工较复杂。

使用材料：有木沉井，砖、石沉井，混凝土沉井，钢筋混凝土沉井和钢沉井等。木沉井用木材较多，现很少采用。砖、石沉井过去多用于中小桥梁，现在常用的是钢筋混凝土沉井，或底节为钢筋混凝土，钢沉井多用于大型浮运的沉井。

外壁：沉井的外壁可做成铅直形、台阶形或斜坡形。斜坡形虽可减少周围的摩阻力，但下沉过程中容易倾斜；台阶形便于加高井壁。沉井的内部可根据需要做隔墙，划分成几个取土井，但取土井必须对称设置，以利均衡挖土或纠正偏斜；取土井尺寸，须能容纳机械挖土斗自由上下。

一、沉井的制作

陆地下沉井均采用就地制造。在浅水中，下沉井须先做围堰，填土筑岛出水面，再就地制造；在深水处，下沉井一般均采用在岸边陆地制造，浮运就位下沉。

就地制造沉井，井壁多为实体，自重较大，而刃脚部分面积小，重心较高，为使其在制造过程中不致因地面下沉而引起沉井开裂或倾倒，过去多在地面整平后，先铺垫木，以增加承压面积，再立模板制造沉井，下沉前须边抽垫木，边以砂将刃脚处填实，然后再挖土下沉。现今则用砂土夯实做成刃脚土模，表面抹层水泥，在土模内制造刃脚部分，既节约木料，又简化施工工艺。

水中沉井的施工：筑岛法——水流速不大，水深在3 m或4 m以内；浮运沉井施工——水流速较大，水深较深。

二、沉井施工

沉井施工步骤：场地平整，铺垫木，制作底节沉井；拆模，刃脚下一边填塞砂、一边对称抽拔出垫木；均匀开挖下沉沉井，底节沉井下沉完毕；建筑第二节沉井，继续开挖下沉并接筑下一节井壁；下沉至设计标高，清基；沉井封底处理；施工井内设计和封顶等。

沉井下沉分排水和不排水下沉 2 种。在软弱土层中须采用不排水下沉，以防涌砂和外周边土坍陷，造成沉井倾斜及位移，必要时采取井内水位略高于井外水位的施工方法。出土机械可使用抓土斗、空气吸泥机、水力吸泥机等。近代各国发展用锚桩及千斤顶将沉井压下的方法。此外，还有用大直径钻机在井底钻挖的方法，如日本在圆形沉井内采用臂式旋转钻机，在硬黏土层内开挖，直径可达 11 m，由沉井外的电视机反映操作情况及下沉速度。

沉井到达设计标高后，一般用水下混凝土封底。井孔是否填充，应根据受力或稳定要求决定，可填砂石或混凝土，但在低于冻结线 0.25 m 以上的部分应用混凝土或圬工填实，沉井基础的最后一道工序是灌筑顶盖。

沉井外壁和土的摩擦力是沉井下沉的主要阻力，为克服这种阻力，一是加大沉井壁厚或在沉井上部增加压重，二是设法减少井壁和土之间的摩擦力。减少摩擦力的方法很多，常用的有射水法、泥浆套法及壁后压气法。

1. 射水法

在沉井下部井壁外面，预埋设水管嘴，在下沉过程中射水以减小周边阻力。

2. 泥浆套法

在沉井井壁和土层之间灌满触变泥浆以减少摩擦力，触变泥浆是用黏性土、水、化学处理剂等按一定配合比搅拌而成，当静置时它处于"凝胶"状态，沉井下沉时它受到搅动，又恢复"溶胶"状态而大大减少摩擦力。

3. 壁后压气法

在井壁内预埋管路，并沿井壁外侧水平方向每隔一定高度设一排气龛，在下沉过程中，沿管路输送的压缩空气从气龛内喷出，再沿井壁上升，从而减少摩擦力。初步资料表明：在粉细砂层及含水量较大的黏性土层中，可以减少摩擦力 30% 以上，下沉速度加快（与气龛数和喷气量有关），且无泥浆套法的缺点，可在水中施工，不受冲刷的影响，但在卵石层及硬黏土层内效果较差。

三、浮式沉井施工

浮运的沉井，在陆地先做底节，以减轻质量，在浮运到位后再接筑上部。为增加沉井的浮力便于浮运，常采取以下 3 种方法。

①在钢沉井内加装气筒，浮运到位后，在沉井内部空间填充混凝土并接高沉井，为控

制吃水深度,可在气筒内充压缩空气,待沉入河底预定位置后,再除去气筒顶盖,挖泥(或吸泥)下沉。此法用钢量大,制造安装都较复杂,宜用于深水大型沉井。

②将沉井做成双壁式使能自浮,到位后在壁内灌水或灌筑混凝土下沉。这种沉井可用钢、木或钢筋混凝土制造。

③在沉井底部加临时底板以增加浮力,待到位沉入河底后,再拆除底板,挖泥下沉。

在深水处,采用浮式沉井施工时,有关沉井下水、浮运及悬浮状态下接高、下沉等,必须加以严密控制。

①各类浮式沉井在下水前,应对各节浮式沉井进行水密性试验,合格后方可下水。

②浮式沉井下水前,应制订下水方案。采用起吊下水时,应对起重设备进行检查,在河岸有适合坡度,采用滑称、牵引等方法下水时,必须严防倾覆。

③浮式沉井,必须对浮运、就位和落河床时的稳定性进行检查。

浮式沉井,定位落河床前,应考虑潮水涨落的影响,对所有锚碇设备进行检查和调整,使沉井安全准确落位;浮式沉井落河床后,应尽快下沉,并使沉井达到保持稳定的深度;随时观察沉井的倾斜、移位及河床冲刷情况。

四、沉箱基础施工

沉箱下沉前须具备以下条件:
①所有设备已经安装、调试完成,相应配套设备已配备完全。
②所有通过底板管路均已连接或密封。
③基坑外围回填土已结束。
④工作室内建筑垃圾已清理干净。
⑤井壁混凝土已达到强度。

下沉过程中箱内的各种设备应架设牢固,箱外浇筑平台、脚手架等不应与箱壁连接。沉箱下沉加气应在沉箱下沉至地下水位以下 $0.5\sim1~m$ 开始加气,施工现场应有备用供气设备。沉箱施工时,应首先保证工作室内气压的相对稳定,工作室内气压原则上应与外界地下水位相平衡。沉箱在穿越砂性土等渗透性较高土层时,应维持气压略低于地下水位的水平。挖机取土下沉时应先在井格中央形成锅底,逐步均匀向周围扩大,应避免掏挖刃脚处土体,保证此处的土塞高度。当沉箱偏斜达到允许值的 1/4 时应进行纠偏。沉箱的助沉措施,可采用触变泥浆和压重措施,不宜使用空气幕助沉。

五、施工事故及应急措施

沉井施工时出现的问题主要有瞬间突沉、下沉搁置、沉井悬挂。

（一）瞬间突沉

现象：沉井在瞬时间内失去控制，下沉量很大或很快，出现突沉或急剧下沉，严重时往往使沉井产生较大的倾斜或使周围地面塌陷。

原因分析：在软黏土层中，沉井侧面摩阻力很小，当沉井内挖土较深，或刃脚下土层掏空过多，使沉井失去支撑，常导致突然大量下沉或急剧下沉。当黏土层中挖土超过刃脚太深，形成较深锅底，或黏土层只局部挖除，其下部存在的砂层被水力吸泥机吸空时，刃脚下的黏土一旦被水浸泡而造成失稳，会引起突然塌陷，使沉井突沉。当采用不排水下沉，施工中途采取排水迫沉时，突沉情况尤为严重。沉井下沉遇有粉砂层，由于动水压力的作用，向井筒内大量涌砂，产生流沙现象，而造成急剧下沉。

预防措施：在软土地层下沉的沉井可增大刃脚踏面宽度，或增设底梁以提高正面支承力；挖土时，在刃脚部位宜保留约 50 cm 宽的土堤，控制均匀削土，使沉井挤土缓慢下沉；在黏土层中严格控制挖土深度（一般为 40 cm）不能太多，不使挖土超过刃脚，可避免出现深的锅底将刃脚掏空；黏土层下有砂层时，防止把砂层吸空；控制排水高差和深度，减小动水压力，使其不能产生流沙或隆起现象，或采取不排水下沉的方法施工。

（二）下沉搁置

现象：沉井被地下障碍物搁住或卡住，出现不能下沉或下沉困难的现象。

原因分析：沉井下沉局部遇孤石、大块卵石、矿渣块、砖石、混凝土基础、管线、钢筋、树根等被搁置、卡住，造成沉井难以下沉。下沉中遇局部软硬不均地基或倾斜岩层。

预防措施：施工前做好地基勘察工作，对沉井壁下部 3 m 以内的各种地下障碍物，下沉前挖井取出。对局部软硬不均地基或倾斜岩层，采取先破碎开挖较硬土层或倾斜岩层，再挖较弱土层，使其均匀下沉。

治理方法：遇较小孤石，可将四周土掏空后取出；遇较大孤石或大块石、地下沟道等，可用风动工具或用松动爆破方法破碎成小块取出。炮孔距刃脚不小于 50 cm，其方向须与刃脚斜面平行，药量不得超过 200 g，并设钢板、草垫防护，不得用裸露爆破。钢管、钢筋、树根等可用氧气烧断后取出。不排水下沉，爆破孤石，除打眼爆破外，也可用射水管在孤石下面掏洞。

（三）沉井悬挂

现象：沉井下沉过程中，刃脚下部土体已经掏空，而沉井的自重仍不能克服摩阻力下沉，产生悬挂现象，有时将井壁拉裂。

原因分析：井壁与土壁间的摩阻力过大，沉井自重不够，下沉系数过小；沉井平面尺寸过小，下沉深度较大，遇较密实的土层，其上部有可能被土体夹住，使其下部悬空，有时将井壁拉裂。

预防措施：使沉井有足够的下沉自重；下沉前应验算沉井的下沉系数，应不小于 1.1～1.25，加大刃脚上部空隙，使井壁与土体间有一定空间，以避免被土体夹住。

治理方法：用 0.2～0.4 mPa 的压力流动水针沿沉井外壁缝隙冲水，以减少井壁和土体间的摩阻力；在井筒顶部加荷载，或继续浇筑上节筒身混凝土增加自重和对刃口下土体的压力，但应在悬空部分下沉后进行，以免突然下沉破坏模板和混凝土结构；继续第二层碗形挖土，或挖空刃脚土，必要时向刃脚外掏深 100 mm；在岩石中下沉，可在悬挂部位进行补充钻孔和爆破。

第五节　地下连续墙基础施工

一、地下连续墙的分类与特征

由于目前挖槽机械发展很快，与之相适应的挖槽工法层出不穷，有不少新的工法已经不再使用膨润土泥浆；墙体材料已经由过去以混凝土为主而向多样化发展，不再单纯用于防渗或挡土支护，越来越多地作为建筑物的基础，所以很难给地下连续墙一个确切的定义。

一般地下连续墙可以定义为：利用各种挖槽机械，借助泥浆的护壁作用，在地下挖出窄而深的沟槽，并在其内浇注适当的材料而形成一道具有防渗（水）、挡土和承重功能的连续的地下墙体。

地下连续墙的分类如下：

①按成墙方式可分为：桩排式、槽板式、组合式。

②按墙的用途可分为：防渗墙、临时挡土墙、永久挡土（承重）墙、作为基础用的地下连续墙。

③按墙体材料可分为：钢筋混凝土墙、塑性混凝土墙、固化灰浆墙、自硬泥浆墙、预制墙、泥浆槽墙（回填砾石、黏土和水泥三合土）、后张预应力地下连续墙、钢制地下连续墙。

④按开挖情况可分为：地下连续墙（开挖）、地下防渗墙（不开挖）。

地下连续墙施工震动小、噪声低，墙体刚度大，防渗性能好——对周围地基无扰动，可以组成具有很大承载力的任意多边形连续墙代替桩基础、沉井基础或沉箱基础。对土壤的适应范围很广，在软弱的冲积层、中硬地层、密实的沙砾层以及岩石的地基中都可施工。初期用于坝体防渗，水库地下截流，后发展为挡土墙、地下结构的一部分或全部。房屋的深层地下室、地下停车场、地下街、地下铁道、地下仓库、矿井等均可应用。

二、地下连续墙施工工艺流程

在挖基槽前先做保护基槽上口的导墙，用泥浆护壁，按设计的墙宽与深分段挖槽，放置钢筋骨架，用导管灌注混凝土置换出护壁泥浆，形成一段钢筋混凝土墙；逐段连续施工成为连续墙。

（一）导墙

导墙通常为就地灌注的钢筋混凝土结构。主要作用是保证地下连续墙设计的几何尺寸和形状；容蓄部分泥浆，保证成槽施工时液面稳定；承受挖槽机械的荷载，保护槽口土壁不被破坏，并作为安装钢筋骨架的基准。导墙深度一般为 1.2～1.5 m，墙顶高出地面 10～15 cm，以防地表水流入而影响泥浆质量，导墙底不能设在松散的土层或地下水位波动的部位。

（二）泥浆护壁

通过泥浆对槽壁施加压力以保护挖成的深槽形状不变，灌注混凝土把泥浆置换出来。泥浆材料通常由膨润土、水、化学处理剂和一些惰性物质组成。泥浆的作用是在槽壁上形成不透水的泥皮，从而使泥浆的静水压力有效地作用在槽壁上，防止地下水的渗水和槽壁的剥落，保持壁面的稳定，同时泥浆还有悬浮土渣和将土渣携带出地面的功能。

在沙砾层中成槽，必要时可采用木屑、蛭石等挤塞剂防止漏浆。泥浆使用方法分静止式和循环式 2 种，泥浆在循环式使用时，应用振动筛、旋流器等净化装置。在指标恶化后要考虑采用化学方法处理或废弃旧浆，换用新浆。

（三）成槽施工

使用成槽的专用机械有：旋转切削多头钻、导板抓斗、冲击钻等。施工时应视地质条件和筑墙深度选用，一般土质较软，深度在 15 m 左右时，可选用普通导板抓斗；对密实的砂层或含砾土层，可选用多头钻或加重型液压导板抓斗；在含有大颗粒卵砾石或岩基中成槽，以选用冲击钻为宜。槽段的单元长度一般为 6～8 m，通常结合土质情况、钢筋骨架质量及结构尺寸、划分段落等决定。成槽后须静置 4 h，并使槽内泥浆比重小于 1.3。

（四）水下灌注混凝土

采用导管法按水下混凝土灌注法进行，但在用导管开始灌注混凝土前为防止泥浆混入混凝土，可在导管内吊放一管塞，依靠贯入的混凝土压力将管内泥浆挤出，混凝土要连续灌注并测量混凝土灌注量及上升高度，所溢出的泥浆送回泥浆沉淀池。

(五) 墙体接头处理

地下连续墙是由许多墙段拼组而成，为保持墙段之间连续施工，接头采用锁口管工艺，即在灌注槽段混凝土前，在槽段的端部预插一根直径和槽宽相等的钢管，即锁口管，待混凝土初凝后将钢管徐徐拔出，使端部形成半凹棒状。也有根据墙体结构受力需要而设置刚性接头的，以使前后两个墙段联成整体。

三、地下连续墙的检测

地下连续墙槽底的沉渣必须清理，清理后的沉渣厚度不大于 200 mm。地下连续墙水下混凝土必须连续浇筑，严禁发生中断或导管进水现象。每槽段实际浇筑混凝土的数量严禁小于计算体积。

超声波地下连续墙检测仪，利用超声探测方法，将超声波传感器侵入钻孔中的泥浆里，可以很方便地对钻孔四个方向同时进行孔壁状态监测，可以实时监测连续墙槽宽、钻孔直径、孔壁或墙壁的垂直度、孔壁或墙壁坍塌状况等；可以帮助改善钻孔质量、减少工作时间、降低工程费用；输出清晰的孔以及槽壁图像，是目前几种常见同类进口设备所无法比拟的。目前超声波钻孔检测仪无论从成图清晰度、检测数据的准确，还是机械性能等方面已经完全可以取代进口设备，而且检测图像更直观、清晰，对泥浆的适应能力更高。

第六章 公路施工生态保障技术

第一节 生态公路概述

一、生态公路产生的条件和背景

人类来源于自然，生存于自然，自然界对于人类发展的重要意义不言而喻。但是，长期以来人类无视自然界的承载力，盲目滥用自己的智慧和力量，给自然界造成了严重的生态破坏。特别是在经历了数百年的工业文明之后，在 21 世纪的今天，严峻的生态危机已使人类真的面对"生存还是毁灭"这一严峻现实。但是，人类终将继续发展下去，特别是对我国来说，我们要在 21 世纪建设全面的小康社会，实现中国特色社会主义现代化，继续创造造福于人民的更高级的文明成果，就必须在发展的道路上摆脱环境污染、能源短缺、人口膨胀、耕地减少等工业化带来的严重后果。我们必须努力创造一种人与自然相和谐的文明模式。正是在此背景下提出了建设生态文明的新要求。生态文明建设的提出是党中央站在更高层面上，对文明建设体系的深化，是深入贯彻、落实科学发展观，全面建设小康社会，实现社会和谐的必然要求。科学发展观的第一要义是发展，核心是以人为本，基本要求是全面协调可持续，根本方法是统筹兼顾。这就要求我们必须坚持生产发展、生活富裕、生态良好的文明发展道路。只有实现了生态良好，小康社会才有坚实的生态基础；只有人与自然和谐，社会和谐才能得以实现。因此，必须从全局的高度认识生态文明的意义，并把生态文明建设摆到更加重要的战略地位。公路建设是人类发展与社会进步的内在要求，随着人类社会的进步，人们对公路服务质量的要求越来越高。然而传统的公路发展只注重公路的技术指标，强调公路运输的服务能力及服务质量和对国民经济产生的效益。公路规划、设计人员主要以满足交通功能要求、降低建设造价和维护费用、节省交通时间和运行费用、减少交通事故损失等为目标，进行路线方案论证及勘测设计施工期间对项目的施工组织设计只注重工期的长短，而对施工活动过程挖方填土、借土弃方、改移河道、清理表土、开采料场等造成地表植被破坏、地形改变、沟谷大量消失，恶化生物栖息的生态环境，加速地表侵蚀，增大地表径流，增加水土流失，改变自然流水形态，加剧水质恶化，从而直接导致对自然环境的破坏。

公路在建设施工过程中，基于各种原因，包括施工方法和组织管理措施不当，在早期由于经济力量有限，只是把公路里程作为第一要务，延伸公路通达深度，人们往往只是追求公路的数量，而忽视了公路的综合质量。在当时也是符合历史条件和特定的环境，于是由于公路建设破坏沿线环境，污染水源，施工中带来的有害物质和施工原因都会影响公路沿线树木花草等植物生长，同时也会对周边原有生活习性和人们的居住环境形成一定的影响和改变。甚至有时公路在选线时不当，建设中会带来很多难度和采取一些措施，加大沿线环境的破坏力度，如深挖深填的原因，对原有的生态环境造成一定影响，引发局部自然生态失调，加之公路建成营运后，由于大量的人流和车流的作用，人们活动增多，同时随着公路沿线经济带的开发，也会使原有生态平衡被打破，从而成为局部地区生态环境失调新的诱发因素。

分析产生公路生态性问题的实质，主要在于人们对生态理念的认识不足、重视不够。纵观人类以往的发展，主要存在以下2个问题：一方面人类从自然索取的资源只有少部分转化成产品并参与生态循环，多数滞留在环境中形成污染，如大气污染、垃圾污染和噪声污染等；另一方面人类从大自然索取过多而投入过少，导致生态退化，如水土流失、景观破坏、生物多样性减少等。公路建设也不例外，公路环境问题的根源是单纯追求经济效益，对环境的重视不够，对公路所产生的环境问题估计不足。公路的外在形式是公路的网络结构、线形等技术指标，而其内涵是公路环境总体对人类运输活动的服务和支持，把环境与公路割裂开来考虑是不全面的，因此，建设与环境协调可持续发展的公路发展模式应运而生。我国是一个多山国家，大部分地区生态环境脆弱，公路建设与营运对生态环境的影响较明显。所以，只有科学评价公路交通对生态环境的影响，并采取有效的防治措施，将公路交通的建设、管理与保护生态环境密切结合起来，才能使公路交通与区域环境实现可持续协调发展。

长期以来，对于公路的环保问题如何解决没有给予足够的重视，忽视了公路对环境的负面影响，对其设计、建设和运营过程中所产生的污染和破坏认识不足。近年来，我国经济的快速发展，公路运输业发展迅猛，公路里程（特别是高等级公路）有了明显的增加。然而公路发展的非生态性产生了严重的公路生态负效应，如气候热岛、环境污染、能量耗散、景观割裂、生物多样性减少、廊道效应等，对生态环境产生了巨大的破坏作用。

二、生态公路概念辨析

"生态公路"这一概念虽出现不久，但已受到多方关注。许多以生态公路为名的公路建设项目也已陆续上马。然而关于"生态公路"的概念，目前并没有一个比较公认的确切定义，围绕着这一概念存在很多争论。对这个概念的不同理解直接影响到公路建设的思想、理念和实践。因此，首先明确这一概念正确的、合理的、全面的内涵，是非常必要的。

"生态"一词源于希腊文"Oikos"，原意为"家"和"住所"。生态学是一门研究生物之间、生物与环境之间相互关系的科学。人类生态学把生态学的研究领域从传统的动植物领域扩展为人与环境之间相互关系的研究。生态城市、生态建筑理论的发展即是生态学原理在规划建筑领域的应用。之后，"生态"这一概念不断地被丰富拓展，现已更多被用来描述一种和谐、健康、可持续发展的状态。"生态系统"既包括有机复合体，同时也包括形成环境的整个物理因素的复合体，它的组成结构主要有生物群落和自然环境，生态系统的这种结构决定它的基本功能，即物质生产、物质循环、能量流动和信息传递。在生态平衡受到破坏后，由自然环境的生态调整系统开始一种信息的传递，并通过相应的能量变化达到生态平衡的目的，然而当今社会自然被破坏的原因众多、程度之重，破坏的自然生态系统短时间内很难恢复，于是生态修复作为一种理念被很好地应用开来。生态修复的提出就是调整生态重建的思路，摆正人与自然的关系，以自然演化为主，进行人为引导，加速自然的演替过程，遏制生态系统的进一步退化，加速恢复地表植被的覆盖，防治水土流失，从而保护自然，使其得到一种自我的平衡，这也是生态学的基本思想。

"生态公路"中的"生态"二字，实际上就是"生态"概念的发展与深化。"生态"二字首先唤起一种新的生态意识，是人类向自然生态系统学习的过程，是把生态学思想注入公路体系。从生态学的角度来看，生态公路系统作为按人类的需要建立起来的人工生态系统，是对原有自然生态系统的入侵，形成了以交通运输为主体的新的生态系统，它是一个开放的不完整的生态系统，生物因子主要由消费者构成，非生物环境也主要是由人类为了满足自身需要而建造的人工构造物所组成，这样的系统是不能自身维持的，它只有从其他系统输入能量，才能维持自身的运行。经过长期的生态演替处于顶级群落的自然生态系统中，其系统内的生物与生物、生物与环境之间处于相对平衡状态，整个生态系统中没有废物和污染产生。公路生态系统作为一个以消费为主的人工生态系统，如果按传统的发展模式，单纯考虑公路对人类运输需求的满足，则它的发展方向是反自然、高投入与开放性，并且以现在的科技能力和人类的意识形态，人工生态系统所产生的环境问题如对非生物资源的消耗、物质循环的不完全性、系统的开放性与不稳定性是不可避免的。生态公路的提出是强调公路的生态性，并不是要求也不可能要求生态公路像健康的自然生态系统那样能够自维持稳定性，而是以生态学的理论指导生态公路的发展，注重其在现有条件下最大生态化的实现。

生态公路系统是建立在交通发展与环境相互协调的基础上，以自然生态系统的良性循环为基本原则，综合考虑决策、设计、施工、运营、管理的全过程，在一定区域范围内结合环境、经济和社会发展状况而建立起来的公路系统。它是生态学与公路建设相结合的产物，其发展应遵循自然生态规律与区域公路的发展要求。

公路生态学的理论体系尚未成熟，多是借用其他学科理论，如景观生态学、生态学、美学、水文学、交通规划、生物学等方面的学科知识，加以应用和发展，并形成公路生态学的基础。

从宏观角度来讲，生态公路是由生态环境、社会经济和建设技术等多种构成因素相互作用、相互影响、相互制约而形成的综合体，是可持续发展战略在公路领域的具体体现，与区域的环境承载力相适应。

从微观（公路实体）角度来讲，生态公路是以生态学原则为指导，以生态环境和自然条件为取向所进行的一种既能获得社会经济效益，又能促进生态环境保护的边缘性生态工程和建造形式。

从实施过程来讲，生态公路是指在公路的设计、施工运营中与自然环境相融合，尽量减少对环境的破坏与污染。

针对公路的"路域生态系统"，明确以提高安全和舒适性以及美化、生态恢复和优化等为目的，按照事先设计的步骤，主要采用生物材料，这样进行的设计与实施，被称为"公路生态工程"。

其范围从仅限于原来的路侧扩大到包括公路征地范围内的用地，有中央分隔带、土路肩、上下边坡、排水沟、隔离栅隧道、桥梁、声屏障等构造物及其周围，以及立交区、服务区、管理所等，还有取弃土场地、临时道路等需要复垦的土地。

生态工程应注重层次感和长期效果，注重多样性。以生物防护为主，尽量减少人工支护痕迹。对不得已采用的满铺浆砌片石防护、隔离栅等也考虑采用攀缘植物覆盖，使道路与环境融合。

虽然目前关于生态公路建设没有形成统一的学科体系，但就西方国家和我国关于生态公路建设的情况而言，将众多议论综合分析，对"生态公路"的理解目前国内外主要有以下几个观点：

一是绿化说。这是目前大多数从事公路建设实际工作的人员所持的观点。他们认为生态公路就是要在路界范围内绿化美化，以草皮护坡、绿树分割防眩为特点，再加以大面积的路旁行道树减噪吸尘。持这种观点的人首先应肯定他们已认识到绿色植物作为生态系统初级生产力的重要性和由于人类所具有的与生俱来的绿色情节而产生的景观生态效应。这种观点可操作性和现实性较强，然而却具有片面性和局限性，从而大大地弱化了生态公路的内涵。

二是质疑说。很多学者认为公路作为一种带状的人工构造物，如果以自然生态系统的结构标准衡量，是一个失衡的生态系统，它在建设过程中已经破坏了原生态结构，是不可能实现生态的自然调节的,因此,生态公路的提法是不科学的。这实质上是一种形而上学的观点,这里的"生态"不是简单地把公路看作生态系统,它是一种新的发展理念,是以生态学的理论与规律指导公路这一人工生态系统的建设,使公路的发展与环境相协调。如果死抠"生态"二字的生物学意义,那么任何受人工影响的地方或事物都不能称为"生态",像生态城市、生态建筑甚至生态农业等概念都不具有严格的科学意义。

三是替换说。这种观点认为"生态公路"这一概念有些含糊不清,主张用"生态化公路"或"生态型公路"代替生态公路的概念。"化"强调转变过程,"型"强调状态模式,二者都有一定道理,但又都不全面,因为公路的建设与营运既有过程又是状态。还有人干脆不提生态公路只提公路生态工程,从工程的角度研究环境保护。这种提法概念具体,含义明确,易于操作,然而却根本无法代替"生态公路"。因为首先,它们是针对两个事物的不同概念,一个是公路而另一个是公路工程;其次,公路生态工程与生态公路的关系是子集与母体的关系,前者从属于后者,生态公路工程是实现生态公路的工程手段,公路生态工程的有益研究和实践必将对生态公路的发展起到良好的促进作用;再次,"公路生态工程"只是一个点或至多可称为一条线,却难以形成面的概念,难以形成系统和体系,也必将局限于狭小的空间发展,用"生态公路"意义更全面,也与现在"生态城市""生态建筑"等相近学科的提法一致。"生态公路"在概念上具有一定的含糊性,也许这正是其力量所在,因为定义过于精确反而限制了它的扩展空间和影响力。

事实上,把握生态公路并不应在表面上死抠字眼儿,而主要应深刻理解它的思想精髓,要把握住它的神而不是形。生态公路主要是为我们指明了未来公路发展的方向,从这一点来看其基本思想和总体思路是相当明确的,具体的细节问题要由我们在实践中不断探索和充实。因此,称谓和说法倒是次要的,关键在于在公路建设中要充分体现生态的发展标准,坚持人与自然相和谐的思想,树立可持续发展的战略意识,使公路既能高效、快捷、安全、舒适地提供良好的行车环境又能与自然生态系统和谐相容。因此,与其说"生态公路"是一个类型概念,不如说它是一个评价性的概念,即它主要不是指某一种、某一类公路,而是指一种公路营建的思想和理念,是公路建设的方向和目标。

从哲学观点来看"生态公路"有3种主要的哲学思想。

其一是可持续发展的宏观理念。"可持续发展思想"是生态公路最高的指导思想,是贯穿生态公路建设全过程的思想。可持续发展就是要实现发展的可持续性,要求公路建设必须从全局出发,从"既满足当代人的需求又不影响后代人的利益"的思想出发,从代际公平、代内公平、物种公平的生态伦理出发,在满足社会发展对其更高要求的同时(包括适度超前),既能满足公路交通运输系统内部和综合运输体系的协调发展,又使公路与经济、环境和社会各系统的长期动态协调发展。最终目的是保证公路交通的发展能力和持续的发展状态,以满足和促进国民经济的需要和社会的全面进步。

其二是"天人合一"辩证的自然观。这里的"人"主要是指"公路"这个人工构造物，即公路与自然达到最大融合的思想。这一思想要求人们要充分地尊重自然，正确认识自然，合理而有效地利用自然规律去建设、管理公路，使公路建设对自然产生的破坏最小，人工恢复自然生态系统的效能最大。一方面，使公路从景观上与自然融合，做到"路中有景，景中有路"，将代表自然的绿色植物引入路界，弱化公路的界限，并根据周围地形、地貌以及本土植物的生长特点选择植物种类、设计景观格局；另一方面，更要使公路与自然生态系统相互融合。如公路产生的廊道效应一方面使系统更为开放，起着通道作用，促进景观间的物质和能量交换；另一方面四通八达的道路网将均质的景观单元分割成众多的岛状斑块，在一定程度上影响景观的连通性，阻碍生态系统间物质和能量的交换，导致物质和能量的时空分异，增加景观的异质性。"天人合一"的自然观就是运用自然规律，根据生态学的原理设计公路，减少公路系统对自然生态系统的不良影响。

其三是辩证的系统观。公路系统是一个由多层次、多变量组成的时间和空间相协调的系统，是一个与环境、资源相联系的开放系统。公路运输系统与社会经济系统及自然生态系统之间的关系是辩证统一的。公路构筑于自然系统之中，其本身受到自然条件的制约，但同时公路建设又极大地改变着自然，当两种系统产生冲突时，谋求一种平衡发展则是生态公路最终要达到的目的。这里我们必须明确一点，虽然公路系统是人工系统但并不完全是自然生态系统的对立面，从某种角度来说，应用哲学观点把其看成一对既对立又相互统一的矛盾则更为贴切。如果公路建设无视生态环境，破坏超出了环境的承载力阈值，那最终必将受到自然的惩罚，由于不合理的高填深挖破坏植被、改变地貌、改变自然排水系统而造成的边坡失稳、路基塌陷、水土流失甚至泥石流冲毁路段就是非常惨痛的教训。相反，如果能够充分地尊重自然，利用公路建设的契机改良不利的自然条件，则是对自然生态系统平衡稳定的促进和贡献。将公路系统置于整个区域系统之中，确保在公路建设的同时，充分维护自然生态系统和社会系统的协调统一，尽量减少对自然生态环境的破坏和扰动，实现区域经济、生态环境和社会系统健康可持续发展，这也是生态公路建设的主要宗旨。

基于上述分析，可将生态公路界定为：生态公路是指建设者在公路规划设计和建设过程中，将自然、人和公路进行有机的结合，融入了生态设计方法，不会以牺牲生态资源为代价进行开发和建设，不仅考虑到人的活动和公路之间的相互影响，而且也特别注重维护人们与生存的自然条件相互融洽和遵循其自然发展规律，形成行车安全舒适，运输高效便利，景观完整和谐，保护自然的可持续的公路发展模式。

生态公路的内涵是非常丰富的。基于认识的原因，理解会有一定的区别，但生态公路要达到公路与自然环境相互协调发展从而实现人类的可持续发展的基本思路却是人所共知的。有了这样一个共同的基点，就不难完成探索生态公路真谛，指导生态公路实践的理想和目标。

三、生态公路的特征

事物的内涵是其特征的最本质、最集中、最突出的表现。要界定生态公路的概念，不能忽视对生态公路特征的明晰。生态公路与传统公路相比，从思想理念到实践行动都存在较大差别。从侧重公路的功能因素（安全、迅速），强调经济效益传统的狭隘的建设思想转变为整体考虑区域经济、环境、社会综合系统的可持续发展思想；由传统的以填方为主节约工程造价的建设模式转变为利用各种高新技术、生物工艺、材料以减小对生态系统影响的建设模式；从单纯注重公路经济合理性、技术可行性的陈旧的评价方法转变为综合经济、线形、环境、景观、可持续发展的多目标评价体系。因此，生态公路的出现标志着人类公路建设的生态意识从觉醒走向自觉的里程碑。然而由于它的宏观性和抽象性往往使人不易去理解和把握，因此，需要分析生态公路的具体特征。

从字面来看，生态公路本身就有生态二字，这说明公路的生态属性不是自然产生的，它是随着公路建设过程中人的努力和对自然环境的考虑，需要从生态技术方面和人为方面对公路建设过程中给自然的破坏进行一种恢复和保护所采取的相应措施。因此说，这种公路与普通的公路是有一定的区别的，主要表现在生态公路的生态性，可见生态公路具有生态性和人工性的双重属性。

良好的生态环境：生态公路就是要在现有条件下，综合运用各种工程措施、生物措施、农艺措施、管理措施将公路建设的破坏限制在最小范围内，降低到最低程度。对于已经造成的破坏，采取最大可能的恢复措施，重建新的生态系统，使其与原群落相容，并对占用土地进行补偿。

整体协调性：生态公路最终要实现经济效益、社会效益和环境效益的统一和综合最大化。在公路规划、设计、施工、营运、管理各个阶段统一思想，把研究对象放在地球环境、生物、资源、污染等诸要素构成的"公路—自然—经济—社会"复合系统中进行全面考虑，把性质不同的生态环境系统与公路经济系统研究有机结合起来，把对技术、经济、环境分析放在同等重要的地位，协调公路项目实施过程中遇到的各种关系和问题。

对生态环境最小破坏和最大恢复：公路建设受到地质、地形、水文等自然条件的制约，又受到现有生产力水平、生产工艺、生产工具等技术条件的制约，还受到社会经济水平的制约，使公路建设不可避免地对沿线的生态环境造成一定的影响，如植被破坏、水土流失、土地分割等。生态公路就是要在设计施工中充分调研论证，进行优化选线，少破坏环境，努力做到对公路沿线最大限度恢复生态表征。我国对建设项目引起的自然资源破坏（如侵占森林、草原、湿地等）通常采用经济补偿措施，这虽可限制不合理的开发活动，但却解决不了实质性问题。欧洲国家普遍实行生态补偿政策，即占怎样的林地在邻近的地方营建同样的林地,这种方法值得我国在建设生态公路中学习借鉴。

良好的景观效应：生态公路在景观层面上的特征是最直观、最易被人感知的特征。生态公路给行者的印象不应只是钢筋网、混凝土墙和沥青路面,生态公路要营造的是"脚下是路、周围是景"的行车环境。因此,生态公路必须通过合理选线和利用路线特点,使公路路线最佳地适应于景观,通过公路的布局和设计来展示和加强公路景观,通过科学的绿化美化来改善公路景观。一方面给行者带来美的感受,另一方面维护自然生态系统的平衡。

安全性与高效性：生态公路要求行车安全舒适、运输高效便利。因此,生态公路基础设施应该为货流、客流、能源流、信息流、价值流的运动创造必要的条件,并且在加速各种"流"的有序运动过程中,减少经济损耗及对公路沿线生态环境的污染。"生态"一词本身就代表着和谐与健康,生态公路自然也应是和谐健康之路。因为公路的基本职能就是为运输服务,所以这种"和谐健康"首先就应是公路系统运输环境的和谐健康。

四、生态公路建设的模型

理解了生态公路的基本概念和特征后,如何通过理解,在实际公路建设领域中,把对公路沿线的生态保护和生态恢复作为一项重要工作来对待,并结合工作实际提出一整套符合公路建设程序的生态恢复研究模型或者说是生态公路建设概念模型,对于公路生态技术研究和发展会起到积极的推动作用。公路生态技术就是要最大可能和最大限度地保护和恢复原有的生态环境,最小限度地减少因为公路施工所带来的环境破坏,一条路从设计到施工到建成,如何将路与自然有机结合,使之成为自然的一部分,并充分融入自然非常重要。一条路从可行性研究到设计到施工到运营,有着非常紧密的运作体系,那么作为公路生态建设的范畴,我们也可以尝试运用一种体系来把公路生态建设固定下来,并在此基础上去升华它、运用它。

因此,结合公路建设的模式,考虑到公路施工的实际情况,我们可以建立一种生态公路建设的模型,就是在公路建设中同步考虑公路生态工程研究和实施方案。通过这种模型的建立,来进一步明确在公路建设中如何把公路生态建设也一并纳入公路建设中去,从而有效地对公路生态建设提供最佳实施方法,考虑到公路建设中也要进行相应的综合体系,来完善公路建设的各种程序,做到有章可循,有法可依。同样对于生态公路的建设也要考虑一定的程序和办法,并努力形成生态公路建设的综合体系,为以后类似情况积累宝贵经验,形成中国公路建设中生态保护和恢复的一门重要学科,研究和分析并解决公路建设过程中所带来的环境破坏引发的一系列问题,从而更好地、更加节约地在公路建设中少走弯路,以减少浪费,减少对自然的破坏,合理有效地保护我们生活的环境。

这种模型的主要思想就是体现生态公路建设的模式,在公路的建设中一开始就要有准备地将公路生态融入进来同步考虑,就是在项目之初要将生态公路作为一种建议来考虑并提出来,否则生态公路将无从谈起;提出了生态公路的建议后,就是要做一些相关的基础性工作对生态公路的可行性进行研究,分析其投资、生态保护和恢复等一系列的社会经济效益;通过了项目的可行性研究后,接下来就要对公路工程的生态项目进行初步设计,按照相关的要求,结合当地的自然环境,对生态公路的项目进行符合自然思想的设计,同时组织有关专家对设计方案进行审查,并提出建议和修改措施;根据公路施工的情况对生态公路项目也进行同步施工,这样便于公路工程的节约和环保效益,有利于公路工程的建设和生态建设,整个公路工程建设完成后,相应地,其生态公路建设也会随之完成,从而一条完整的体现生态特色的生态公路项目就会一同呈现在人们面前。接下来就是公路建设项目运营后,会附带着同时对公路生态项目进行管理运营维护,经过一段时间的管理和运营后,会发现生态公路项目中还存在哪些问题,取得的社会经济效益有哪些,在经过相应的分析比较后,进一步修正和完善生态技术,再提出生态公路的综合评价,并为以后的生态公路建设项目提供有益的经验积累。

五、公路交通对生态环境的影响

我们常说的公路施工对环境的影响主要是指对生态环境和水文环境的影响、对社会环境的影响、对大气环境的影响、对景观环境的影响等,在这里我们主要探讨的是对生态环境和水文环境的影响。一条公路施工期和营运期对生态环境的影响主要表现为土石方挖填、占用沿线大量土地、施工中临时用地等工程行为对沿线地形地貌的改变和原有植物的破坏,施工期间的爆破作业及工程机械产生的声音使动物远离原来的公路沿线栖息地。此外由于有的工程量很大,甚至很多高填方路段会因工程施工破坏沿线森林、土壤、植被自然状态,使得原有地表产生变化,容易产生边坡不稳定和坍塌,这种现象在公路施工中非常普遍。同时大量的弃方堆积在山沟和山坡等处,一方面会造成新的植被破坏,另一方面如果处理不及时,也会引起水土流失,存在滑坡等安全隐患,有的路线会经过湖泊和河流区域,很容易造成对水生植物的环境破坏。还有就是在公路施工、运营与养护过程中,路基施工造成的排水、桥梁施工的排水、清洗车辆的排水、施工期的石料及混凝土搅拌产生的生产污水等有害物质进入土中,污染地下水,导致饮用水和农业用水质量下降;由于地下水位变化和土壤遭到污染,可能使农作物减产,使用消冰雪的盐对水、土壤和农作物都有不良影响;汽车尾气和盐类有害物质影响公路沿线树木花草等植物生长,公路附近的动物容易被汽车撞伤、压死;公路选线不当,会破坏地貌、休息场所、风景名胜、文化古迹和自然保护区等。

公路建设与营运过程中，对沿线一定范围内的生态环境因所处的地域不同会产生不同程度的影响。通常，山区公路建设难度大，对自然环境的影响远比平原地区大。而平原地区公路建设对人工生态系统影响明显，选线不当及施工中引起局部自然生态失调，会对沿线生态环境产生不良影响。公路建成营运后，沿线经济带开发引起人类活动的增加，也将成为局部地区生态环境失调的新的诱发因素，正因如此，我们在公路施工中要高度重视原生态的保护。

六、我国公路交通环境保护的基本目标

（一）公路交通环境保护内涵的扩展

历史上，人民群众对公路交通环境保护的理解过于狭窄，仅将公路交通环境保护主要局限于行驶车辆废气排放和噪声控制方面，加之汽车数量少，行驶车辆废气排放对环境的影响较小，导致对公路交通环境保护重视不够。随着社会、经济的发展及汽车的普及，公路交通环境保护问题日益突出，保护和改善环境、促进公路交通运输与环境协调发展已成为公路交通运输行业的共识，公路交通环境保护问题受到了越来越广泛的关注，使得公路交通环境保护的内涵得到广泛扩展和延伸。第一，公路交通环境保护既是可持续发展的基础产业，也是公路交通行业不可分割的一部分；第二，公路环境保护兼有多种功能、多种效益和多种价值，既是环境资源，又是基础资源，在促进国民经济发展，保障国家安全，防灾减灾，消除贫困，对外开放等方面都具有不可替代的作用；第三，公路作为一种文化、旅游、景观资源，在满足人民精神需求，增进人类身体健康，促进人类和自然和谐相处等方面具有重要作用和价值，是精神文明建设的重要组成部分。

（二）我国公路交通环境保护的基本目标

当前我国公路交通环境保护不尽如人意，没有上升到一定的理论高度来考虑研究公路交通环境关系。值得欣慰的是已经有人提出"公路交通资源、环境、产出"的"三位一体"，它是以公路交通资源为核心，以公路路域环境为主体，以公路交通环境保护产业为龙头的相互关系。鉴于目前我国公路交通环境保护的现状，要使公路交通环境保护行业有一个根本性改变和跨越式发展，必须以科技进步为先导，通过实施"三位一体"综合发展效应，形成公路资源、公路交通环境、公路交通环保产业和科技相互促进、相辅相成的持续发展格局。为此，我国公路交通环境保护的基本目标为：以现代科学技术为基础，以高速公路路域环境的整治和绿化为手段，建立较完备的公路生态保障体系，以推动公路交通环境保护行业进步为出发点，通过实施"公路交通资源、环境、产业"的"三位一体"

可持续发展战略，建立起与社会主义市场经济要求相适应的较发达的公路环保产业体系，实现公路资源、公路交通环境、公路交通环保产业与科技的可持续发展和技术目标与国家的经济、社会、生态目标的有机统一。

第二节　公路建设对生态环境的影响

20世纪50年代以来，日趋严重的生态环境问题引起了国内外工程界的广泛关注，各国都采用不同手段和措施进行环境保护与环境污染治理工作；与此同时，各国开展了对环境保护与污染防治的理论、技术、政策、法规等的研究，逐步形成了环境科学及各门类学科，以寻求人类社会与环境协同演化，持续发展。

一、公路对路域环境的综合影响

公路是社会文明和经济发展的产物，公路建设和营运在不同程度上对沿线的生态环境产生直接或间接影响。如何减少和消除这种影响所带来的负面作用，实现发展与保护的可持续，必须充分认识公路对路域综合环境的影响，并提出相应的措施和对策。

（一）噪声污染

噪声是指对人的生活、工作、心理和生理产生不利影响的声音，噪声污染具有分散性、地域性、时间性和无残留性等特点，是一种感觉性公害。公路建设过程中噪声来源主要是各种施工机械产生，对施工人员与附近居民的正常工作和生活造成影响。经济学家分析，高速公路噪声直接影响路域沿线的经济，特别是土地价格，交通噪声每增加1 dB，土地价格就会下降0.08%～1.26%。在公路环境影响评价中对高速公路路域环境内噪声有强制性规定，噪声污染超标情况下必须制订防护措施。

尽管目前公路施工的机械化水平已经相当高，但是，各种施工机械施工时仍难免产生噪声，对施工人员与附近居民的正常工作和生活造成影响。包括下列2点：

①施工现场的运输机械、筑路机械和其他施工机械以及进行爆破等作业时产生的噪声。

②稳定土拌和站、水泥混凝土拌和站和沥青混凝土拌和站工作时产生的噪声。

（二）水污染

建设过程中水污染主要有以下3点：

①道路施工中的弃土弃渣等固体废物直接排放水体，造成水污染。

②桥梁施工对河流的污染。

③施工时产生的施工、生活污水所造成的水污染。

(三) 水土流失

高速公路每 1 km 建设占地约 5.3 hm^2，在平原地区会占用大量的农田。建设初期由于公路线形需要根据设计要求在施工过程中进行大量路基挖填和土方异地运输，对原地面植被和地貌破坏较大，导致地表裸露，而在短时间内无法用植被方式进行有效覆盖，在重力、水力和风力作用下极易造成水土流失。

公路建设离不开土石方作业。在施工过程中造成的水土流失有以下几点：

①破坏地面植被和原有地貌，导致地表裸露，造成新的水土流失。

②弃土、弃渣不采取适当措施妥善处理，而随意倾倒，加剧了水土流失。

③施工中使用的临时便道以及建筑材料，若不采取相应的水土保持措施，遇到暴雨或大风都会造成一定的水土流失。

(四) 对土壤环境的影响

公路建设对土壤最重要的影响源于公路建设引起的水土流失，水土流失将导致土壤中有机质含量减少，大量无机元素流失，土层厚度变薄，土壤粒度变大，土壤结构和质地变差，最终导致土壤朝沙土和大团粒结构转化，对动植物和微生物产生直接或间接影响。另外，通过大气的迁移和扩散，水迁移和机械迁移等途径形成公路对路域范围内土壤环境的污染，土壤环境污染的结果主要表现在：土壤理化性质和结构的改变，土壤微生物数量减少，土壤重金属、有毒有害元素含量增加和土壤肥力、保水力降低等。在公路施工期间，由于土方的频繁挖填和运输，严重破坏原肥沃表土层。裸露面土壤以生土为主，有机质含量低，土壤肥力差，土壤不疏松，不利于植被的生长。

(五) 对动植物的影响

由于公路选线需要，道路通过草原、沙地、河流和湖泊等，引起路域范围内的生态环境发生很大的变化，从而导致当地部分生物种群由于生态环境变化而发生迁移和死亡等现象，种群数量、种类和种间交流也会发生相应的变化。

公路建设中的土方挖填和结构物施工及人的因素都会对路域环境内的植物种类、种群密度、植被覆盖等造成破坏，公路施工期产生的空气、水源、噪声和重金属污染给路域环境内的植物生长和繁殖造成很大的影响，严重时将导致部分物种消失，影响生态系统的稳定性。对公路建设破坏的生态环境进行植被恢复的过程中，还可能由于外来植物种类引进不当造成新的物种入侵现象。英国一项研究表明，固沙林释放出的含氮物能够影响 100 ～

200 m 范围内的植物生长，附近农田带来的富氮化可以促进大量农田杂草的生长，并成为乡土植物种群的主要威胁因素。

二、各类具体施工项目对路域环境的影响

在公路建设过程中，必然会对沿线一定范围内的生态环境产生不同程度的影响。草原地区公路建设对自然生态系统影响明显，施工不当会引起局部自然生态失调，会对沿线生态环境产生不良影响。公路施工过程中因施工人员活动增多也将成为局部地区生态环境失调的新的诱发因素。

（一）路堤、路堑施工对自然环境的影响

公路施工有时须取土填筑路堤，开挖山丘形成路堑，必将破坏原有植被，干扰动物栖息环境，破坏土体的自然平衡，引起边坡失稳、水土流失。在施工期取土、弃土场及暴露的工作面成为水土流失的主要发生源，丘陵坡面弃土可带来长时间的水土流失，给自然生态环境造成一定的影响。

在施工期将进行土石方的挖掘和填筑，裸露的地面在旱季引起大量扬尘，覆盖于附近的农作物和树木枝叶上，将影响其光合作用，导致农作物减产。在花期，还影响植物坐果，减少产量。另外，施工便道两侧的农作物和树木也容易受到运输车辆引起扬尘的影响，覆盖其枝叶花果，影响其生长。雨季施工雨水冲刷松散土层流入施工场区周围的农田，造成淤积、淹埋农作物和植被，对农作物的生长和周围植被会产生不良影响。

（二）桥梁施工对自然环境的影响

桥梁施工时，使河床过水断面受到压缩形成桥前局部壅水，水流速度减缓，泥沙下沉。桥下水流速度加快，造成局部冲刷。此外，施工期间基坑开挖、筑捣钻孔、打桩，使河床受到扰动，泥沙上浮以及泥浆废渣排放，致使下游局部河段水质变差。

第三节　生态技术在公路工程建设中的应用

众所周知，公路在建设过程中，会遇到各种自然条件的影响和制约，特别像山区自然环境优美，但地形、地质、水文、气候条件复杂，如不尊重自然，造成对环境的破坏，不仅影响当地群众的生产生活，对工程安全、营运环境也将带来极大隐患。同时所有公路的营运环境是关系到司乘人员安全与舒适的大事，因此，对生态公路的建设提出了非常高的要求，在做好公路改建的同时，要注重公路和自然环境的协调统一，不破坏自然环境的本

身美，使得公路和生态紧密相连，有机统一。因此，必须高度重视环境的保护与创建工作。要搞好该项工作，作为生态公路技术的环保设计、工程实施、环境创建与环境监控等环节要格外重视，实行层层把关，全面监控。在公路建设过程中，确实做到认真贯彻落实科学发展观，实现可持续发展，从"经济、实用"跃升为"以人为本，安全、环保"的设计新理念，尽量采纳符合生态的特殊设计，使自然景观、再造景观和人文景观和谐统一，为打造精品公路增添丰富的内涵。

公路的一般功能是方便车走人行，传统的公路建设往往过分体现人类"劈山修路""征服自然"的壮举，大开挖往往造成对自然的大破坏，从某种角度而言，是人类文明的一种倒退。公路建设是线性工程，规模大，建设中对自然的破坏、对人的干扰在所难免，那么，如何妥善处理建设与破坏、干扰的矛盾，实现公路与自然、社会的和谐发展，便成为新时代公路人不能回避的一项实实在在的文明创建课题。近年来，在科学发展观的引导下，坚持"尊重自然、以人为本"的理念进行公路建设，取得了良好的成效。建设生态景观路，实现路与自然的和谐，逐渐成为社会各界的共识。公路建设离不开环境与资源的支撑，也对自然产生一定的负面影响。为了在建设与保护这对矛盾关系中较好地找到平衡点，在公路建设中追求向自然"借道而过"的礼貌行为，坚持最大限度地保护、最低程度地破坏、最强力度地恢复，努力使工程建设顺应自然，融入自然。在道路建设过程中，注意保护自然，既合理利用地形、充分利用老路，又因地制宜，采取有效措施保护自然景观，体现以追求自然、朴实为导向，通过"修复"性的生态绿化强化景观设计，改"制作"公路为"创作"公路，将自然加以造化又回归融入自然。

一、景观设计在公路工程中的应用

公路景观是指导公路用地范围内公路本身形成的景观以及对用地范围内一定宽度的带状走廊里的自然景观和人文景观的保护、利用、开发、创造、设计与恢复，使公路建设和自然景观、人文景观浑然一体，相容协调，共同形成一个良好的公路景观环境。对此在做好公路建设景观设计工作中就要加强前期准备工作，按照公路选线和当地特点并结合风土人情，充分考虑自然、和谐、人本理念。做到景观设计应贯彻以防为主、以治为辅、综合治理的原则，因地制宜，针对不同路段的特点及与周边环境的关系，有针对性地提出景观设计、环境保护、水土保持和生态恢复的防治措施与设计方案；坚持"不破坏就是最大的保护"和"最小限度破坏和最大限度恢复"的基本原则。具体说来在实际设计中要遵循以下几个原则：

安全性原则：所有的生态公路设计都要把安全作为重要的因素来考虑，安全是公路景观设计的基础和前提，路域防护首先要满足道路交通安全性要求，使行车视线良好，并有诱导驾驶员安全行车的功能。

恢复性原则：在公路景观设计中运用多种科技手段来恢复公路施工等原因造成破坏的生态环境。针对高等级公路建设过程中形成的大量边坡，过去传统的做法是种植种类单一的草皮来固土护坡、减少水土流失，可是人工种植的草皮看似整洁优美却不符合自然规律的要求，经过一段时间后，要么是枯黄消失，要么是被当地的野生植物所吞噬，效果均不理想。在边坡植物防护技术较为领先的日本，已将植物防护的新技术即"生态恢复设计"技术作为主导，在公路边坡设计初期，设计人员对边坡的地质条件、气候、水文条件和周围植被情况等因素进行综合考虑和调查，在此基础上再模拟原有植被类型的绿化植物选择设计方案，目的就是使之与原有的生态系统相适应，做到与原有的植被尽可能地相融合。

保护性与自然性原则：保护设计是指对公路路域内的生态因子和生态关系进行科学的研究分析，通过合理设计减少公路建设对自然的破坏，从而保护现有良好的生态系统。公路景观环境要素包罗万象，应重点体现对原有景观资源的保护、利用和开发，以及公路主体与原有自然及社会环境的相融，"不破坏就是最大的保护"，除非不得已，否则任何通过后天的人为绿化方式也无法与经过长时间的自然形成的结构功能稳定、物种景观多样的自然植被相媲美，所以，在设计中应强调对原有植被的保护和利用，因征地需要，非移走不可的树木、植被可集中先移植保护起来，等到工程差不多时再移植到原先生长条件相似的地方，达到"事半功倍"的效果。从长远自然经济效益考虑，尽量避免破坏古树名木、文物古迹等自然原始的风景区，要想办法从设计和线形选择上考虑保护各种动植物和名胜古迹。在保护原有风景的同时，高等级公路的设计要符合自然发展的规律，自然设计与传统设计相对应，通过植物群落设计，从形式上表现自然，立足将公路景观充分融入自然环境中，创造和谐、自然、美观的新景观。自然式设计的核心就是运用生态的原理和技术，借鉴地域植物群落的组成情况、结构特点和演绎规律，科学而艺术地再现地带性群落特征的公路路域生态景观，它是顺应自然规律发展、能够实现自我维持和更新调节的一个生态小系统，增强植物群落的稳定性和抗变性，实现人工低度管理和景观的可持续稳定发展。

融合与协调原则：公路是一个有机整体，是一个具有线性特征的工程，纵向跨度大。在景观设计时既要注意内部各组成部分之间的协调，使其有机地融合在一起，又要注意与地形、环境等外部因素相协调。沿途景点、附属设施以及绿化植物要有统一性和连续性，使公路在满足运输功能的基本前提下，其生态功能基本恢复和完善到原有景观环境水平。

服务社会原则：公路建设应有利于社会进步和发展，对社会环境有重大影响路段，应根据可持续发展原则进行方案论证，主旨是服务经济发展和方便人民群众出行需要。

尊重地区特性原则：景观设计中要与当地风土人情、历史文化相协调，展现出当地的文化内涵与韵味，体现乡土特色和气息，使设计切合当地的自然条件，反映当地的景观特征，特别是植被选择上要遵循"乡土树种为主""适地种树"的原则，否则绿化树种引入不当，会带来灾害性的后果。如在我国华东、华南作为饲料引进的水葫芦等大量蔓延，对本地的生物多样性造成了巨大威胁，最后到了难以控制的程度。因此，在公路路域生态树木的选用上更要考虑实际情况和生长环境，要符合周围生态条件。

经济性与动态性原则：贯彻生态景观学的思想，走可持续发展之路。在公路景观的设计过程中，坚持动态性原则，既要达到景观效果，又要经济合理。

统一与变化原则：公路的景观设计要在统一的主题下表现出各自的特色和韵味，适当的风格、造型、色彩变化及线形起伏等，都会使人感受到沿途景观富有韵律感、多变性，达到消除疲劳的目的，在统一中变化，在变化中统一。

精心设计和严格实施是生态公路付诸实现的重要内容，没有这两条，生态公路只能是空说白说。设计部门在结合地方规划设计取弃土石方案时，应综合考虑地质、水文、挡护等情况，做到不造成水土流失，不诱发地质灾害。在实施过程中，建设单位应责成施工单位严格按照设计方案的要求取、弃土石。

概括来说，在公路设计中对景观生态的研究要注重实际，将应用与理论相结合，正确分析和掌握第一手资料，搞清情况，结合经济发展现状，做到切实坚持以人为本，按照科学发展观的要求，既结合当前我们国家公路建设的实际情况，又兼顾目前社会经济发展的现状，对于适当完善改善公路生态体系建设会大有益处，从而在公路建设中能够做到从优从快。在公路设计中要做到"七至"理念，即安全至上、目标至高、环境至尊、设计至优、质量至严、景观至美、成本至廉。如果都能做到以上几点，相信我们的公路在设计过程中会按照良好的态势发展下去，对公路生态的保护会有利无害。

对于设计中的环境保护要贯彻以人为本、保护优先、治理为辅、再生结合的原则，在公路建设中必须超前考虑，将环保理念贯穿设计之中，切实把好工程设计这一关键环节，重点是优化设计方案，把建设项目对沿线自然环境和社会环境的不利影响降到最低，对沿线房屋、电力设施、通信设施、水利设施等的拆迁改建，要充分重视和听取公众合理意见，力求把影响降到最低限度，以求长远协调发展，公路线位的选择尽可能调到离环境敏感点较远的位置，合理使用和规划公路用地，重视路基、路面的排水设计，桥梁位置和结构不宜明显改变河道流向，加强设计过程中的水文调查和分析，尽可能掌握详细的资料，设置适当的排水构造物，保护较好的生态环境。在考虑公路景观设计的同时，更要在公路设计特别是干线公路设计中重点抓好以下环境保护与创建工作：

（一）自然环境的保护

路线的选择要综合考虑地形、地质与环保情况，合理利用地形既可减少工程量又可减轻对环境的破坏，规避不良地质可避免地质灾害的发生，上述两个方面与环保紧密相关。如湖北在沪蓉西高速公路设计中提出了"地形选线""地质选线"与"环保选线"的设计原则，三者互为条件、有机结合，有利于减少路基填挖，规避地质灾害，保护自然环境，创建优美的公路营运环境。

路基设计应视地形、地质情况合理选取断面形式，避免大填大挖。在山坡陡峭的坡面尽可能采用半路半桥或路基分幅形式，减少路基土石方的挖填；路基的石方开炸应进行科学爆破，尽量减少对岩体的扰动；路基深挖地段应根据路基边坡的稳定情况采取不同的防护形式，对于顺层、滑坡等不良地质地段应对边坡稳定性进行定性与定量的分析，确定边坡的防护形式，应把工程防护和生物防护结合起来，并尽可能减少工程防护；路堑的边坡建议不拘于相同的坡比，应根据具体的情况做适当的调整，对于开挖边坡地段为荒山荒地时，应尽可能降低边坡坡度，有利于进行生物防护，减少或取消工程防护，既可减少工程造价又可最大限度地恢复原始地貌。

隧道洞口设置要遵循"早进晚出"的原则，尽可能与自然保持一致，减少对山体的切割；隧道选线应充分考虑水文地质情况，通过钻探、物探等多种形式超前探明地下水联通及流通情况，对影响环保、人畜用水的隧道，宜贯彻"以堵为主、限量排水"的原则对隧道内涌水进行治理，确保隧道开挖不影响当地群众生产生活，不影响山体的稳定，不影响工程的安全。

桥梁要视地质情况选取合理桥型和基础以及施工工艺，避免地质灾害的发生，当桥基位于山体完整性、稳定性差的斜坡上时，应对斜坡的稳定性进行分析研究。如桥基位于顺层坡面时，应选择对坡面扰动小的桥基形式，桥基的开挖或钻孔应选用对坡面震动小的施工工艺。

（二）生态环境与营运环境的创建

生态环境的创建：山区公路特别是高等级公路所能利用的地形往往是当地群众赖以生存的宝地，在设计中，一是尽可能减少占用耕地，要对修建路基与架设桥梁两个方案进行比较，如建桥对工程量增加不大时尽可能采用建桥方案，少占耕地；二是要充分利用隧道、路基的废方为群众造地，要结合当地的规划，对弃渣场的位置、规模、地形、地质、排水、挡护、绿化及复耕等方面进行全面科学合理的设计，做到变废为宝，变害为利。

营运环境的创建：由于地形地质条件复杂，公路线形难以达到理想的水平，小半径、长大纵坡不可避免。加之高等级公路重车比例大，山区气候条件复杂，驾驶员操作失误等多方原因，极易引发交通事故。因此，创造山区高等级公路良好的运营环境十分必要，对以下几个方面应引起足够的重视：

第一，要设计完善的引导标志、警示标志与禁令标志，引起驾驶员的注意。

第二，长、大纵坡下坡路段应考虑安全避险车道。

第三，公路设计除平、纵、横立体线形外，尚须引入"时间"要素，形成顺畅、连续和可知性的优美三维空间；对连续下坡路段平曲线半径不宜过小，应控制在 600 m 以上。

第四，应对长、大纵坡路段的路面抗滑进行研究，确定路面的结构形式。

第五，长大隧道设计中，应以司乘人员的安全、舒适为目标，其线形不宜设置过长的直线段，以减少司机因注意力降低而渐渐不觉得加速所带来的风险。同时有必要采取变化的灯光或投影景观等措施消除司乘人员在隧道内运行时因视野局限所带来的烦躁和单调感。

第六，对公路营运安全环境进行综合研究，确定合理的安全技术指标。

公路运行所需的时间，一般习惯于以"绝对时间"来计，往往忽视"相对时间"，运行时间应该是两者有机的结合。大家在旅途中都有这样的体会，如果一路风景会让人感到时间的短暂。若在行进中环境单调甚至给人一种严重的不舒适感，便感到时间的漫长。建议在公路设计时有必要引入"相对时间"的设计理念，不能把绝对运行时间作为衡量某路段行车时间的唯一标准。创建优美的营运环境，会让司乘人员感到旅途愉快，心态平和，不知旅途疲倦，觉得时间短暂。要创建优美的公路环境，一是要把周边环境与公路线形相结合，与动中观景相协调。静止观察的美景，在高速的车上观察可能会让人眼花缭乱，甚至有头晕之感，必须通过三维动画设计出动态的景观环境。二是要考虑隧道中噪声、废气及视野的局限给司乘人员不良的影响，特别是长大隧道与隧道群带来的不舒适感，建议尽可能少设隧道，对隧道中路面应进行降噪设计，减少或降低噪声源的噪声能量；对大隧道和隧道群应进行隧道内景观设计研究，要充分利用现代的光电技术创建隧道景观，达到能在洞中见景又能实现景观引导视线的目的。三是路基边坡的防护、绿化及隧道进口的设计应有特色，富于变化。四是路基、桥梁、隧道应与地形相协调，左、右两幅路基应有分幅的变化，实现分与合的巧妙结合，消除行车的单调感、疲劳感，让驾驶员始终保持清醒的意识。

二、生态管理制度在公路工程的应用

搞好环境保护与创建的关键在于设计，抓实施是搞好该项工作的重点。在以往的公路建设中，对环境保护工作强调多，具体抓得不细，责任不明确，约束机制不力，没有环保专职管理，基本上是兼职管理，更谈不上对生态公路技术的研究和掌握，公路施工中只管建设，不顾环保。现行的公路建设就是要在现有的体制下，建立一套适合我国国情的公路建设生态指标硬性要求，从制度上予以保证和完善，注重对生态管理机构的约束和建立，重点是建立生态管理制度体系，把生态公路的制度和公路建设结合在一起实施，在审查公路设计的同时，也要审查公路生态工程的设计方案，认可后方能进行下一步的工作。着力从机制上、制度上、机构上给予保证和约束，形成强有力的管理措施。不符合生态公路工程技术指标要求的一律不得开工，只有待各项准备工作妥当，通过专家验收认可后再开工。在以后的公路建设中应从完善管理机构和管理措施入手，重点抓好以下几方面的工作：

(一) 加强合同管理，强化环境保护与创建责任

施工单位主要是以创造利润为目的，环境保护与创建意识一般较淡薄，业主必须在承包合同条款中明确环保的具体内容与有关的责任，形成约束机制。

(二) 制订环境保护与创建行动计划

在工程尚未动工之前，按照设计要求制订明确的实施计划，以此指导工程施工。如在不稳定山体上爆破石方时，应明确爆破方式及相关的规定要求，实行科学爆破，避免扰动山体；在路基清除表土时，应要求施工单位对地表沃土集中存放，用于取、弃土场复耕。

(三) 成立环保管理专班

业主、承包商及监理单位应安排足够数量的环保管理人员，成立环保专班，建立管理制度及管理措施，明确职责和义务，对环保工作进行动态的管理。

(四) 加强环保工作检查

要适时开展环保工作检查，及时予以纠正环保工作中存在的问题，不能以环保验收代替管理，避免造成难以弥补的缺陷。如弃土不及时处理防排水问题，以致无法恢复水土流失后造成其他土地沙化。有些施工单位在路基及取土场清表时，对地表层土随意弃放，以致在取弃土场复耕时难以找到适合耕种的表层土。

(五) 尽快实施环保监理

要切实搞好环保工作，必须进行严格的环保监理。但目前公路环境保护监理工作刚刚起步，管理体制、办法不健全，须尽快形成环保监理机制，形成完整的环保监理规范，对工程环保工作实施规范性管理。

在保护自然生态环境的同时，要以人为本创建环境，优美与安全的营运环境可由公路建设单位要求设计部门完成，而生态环境的创建则需要地方政府、设计单位与施工单位及相关部门的密切配合，存在较多的组织、协调、管理工作。

要树立把握公路建设契机创建生态环境的意识。在以往的公路建设中，建设单位只是从环保出发对公路取、弃土石方案提出原则性的要求，基本上由施工单位从有利于自身利益出发确定取弃土石方案，对利用废弃的土石方创建新的生态环境考虑较少。而地方政府

对此基本上不关心。但实际上公路建设大量土石方的取、弃在对自然环境造成影响时也对创建环境带来了很好的机会，可取土蓄水、弃土造地，是变废为宝、变害为利、造福子孙后代的大事，应引起有关方面的高度重视。

科学规划，共商创建。公路建设单位应与当地政府及相关部门沟通有关创建情况，地方政府应组织有关部门积极与公路建设单位配合，共同商定取、弃土石的方案。对在创建生态环境时可能增加的工程费用，地方政府应从长计议，组织必要的人力、财力抓住公路建设的契机创建生态环境。

三、生态监控与环评在公路工程的应用

山区较之平原、丘陵地区的公路又有许多不同的特点，公路建成后，工程安全与运营安全及环境污染上可能存在某些不安定的因素，因此，必须通过现代信息技术加强监控，完善监控系统设计，及时掌握有关的情况，以便对不利情况进行处理。

（一）环境污染监控

除对沿线收费站、停车区、服务区及隧道内污水和噪声污染进行监控外，更重要的是要对隧道内受污染的空气进行监控，汽车排放的 CO 是一种无色、无味而人体感觉器官又不能分辨的毒性较强的气体，隧道内该气体超过人体的承受能力时应实行自动报警控制。

（二）营运安全监控

山区公路营运安全受多方面因素的影响，必须对相关因素进行监控，应对雾区的分布、路段的冰冻情况、隧道内火灾等情况及时提供信息，让驾驶员预知前进方向的道路状况，以便提前采取相应的处理措施。

（三）工程安全监控

山区公路高、陡边坡较多，顺层、泥石流、滑坡等地质病害较普遍，应对影响路基稳定和危及桥梁、隧道安全的隐患建立信息化管理，掌握工程安全动态，以便及时采取有关保护措施，避免重大事故的发生。

公路与环境是有机的结合体，公路建设离不开环境的影响，因此，应将公路建设与环境影响评价有机结合起来，尽量做到"三个同时"，那就是在项目前期施工阶段，坚持公路建设项目与环境影响评价同时立项、同时建设、同时运营的制度。在工程可行性研究阶段委托有相应资质的环评机构对项目沿线的弃土、弃渣、噪声、尾气、灰尘、生态恢复等进行综合评价，预可行性研究、工程可行性研究、施工图设计等方案的审查论证都邀请并

认真听取部门专家的意见,并把节约耕地和有利于环保作为方案评比的重要指标,在项目招标文件中明确约定中标单位的施工行为必须符合环保要求,否则将采取相应措施,项目开工前,可以聘请有关环保专家讲解环保要求和注意事项,特别是在项目实施过程中要经常加强环保检查和巡查,一旦发现问题要及时处理和整改,项目完成后,组织有关人员进行验收,达不到要求的一律不准参加交工和竣工验收,从制度上进行严格约束。

四、公路边坡的生态防护应用

考虑公路施工对周边环境的影响很大,特别是如果处置不当,很可能因施工本身的原因造成对公路沿线地质的破坏,比如边坡不稳定导致沿线自然环境的破坏,如塌方、滑坡、泥石流等诸多破坏因素对公路造成的损害。由于公路施工中难免会有大量的填、挖方,甚至桥梁、隧道、新改线路段的存在,必然会在一定程度上给原来的生态环境造成破坏,当然破坏的程度会有所不同,如何有效地把生态破坏以后的路段适当恢复,或者加大对公路本身的抗灾害程度,通过一些手段的运用,来达到对公路沿线环境的最大保护和恢复,本身也就是对公路生态保护的最好应用。主要来说在技术上目前分为生态防护和工程防护2种,生态防护是对自然环境的拓展,而工程防护是对生态防护的最大保护,并通过一定的技术处理,让工程防护和生态防护相互运用,相互作用,相互结合,两者相辅相成,相互补充。

(一)公路边坡的生态防护

边坡生态防护即边坡植被,主要是靠植物根茎与土壤间的附着力以及根茎间的互相缠绕来达到加固边坡、提高坡表抗冲刷的能力,保护路基边坡免受大气降水与地表径流的冲刷。公路边坡生态恢复技术目前较为成熟,概括起来有以下几类措施:人工植被、植生带、液压喷播、厚层喷播、锚固三维网复合植被、框格工程、挖沟钻孔工程、有机基材喷播。生态防护不仅可以涵养水源,减少水土流失,而且还可以净化空气,保护生态,美化环境,保证行车安全,具有良好的经济效益、社会效益和生态效益,在我国越来越重视环境保护和人们生存质量的今天,生态防护已成了公路边坡防护的一种趋势,代表着边坡防护的发展方向。因此,对公路边坡用植物的选择进行探讨是必要的,它必将促进我国公路边坡生态防护事业进一步发展,具有重要的现实意义。

采用植物防护,增加植被面积,减少地表径流,可从根本上减少路基的水土流失。植物覆盖对于地表径流和水土冲刷有极大的减缓作用。枝叶繁茂的树冠能够截留一部分降水量,庞大的根系能直接吸收和储备一部分水分,还可稳定地表土层。而没有植被覆盖的地方,降水量全部落在地表面,形成径流,造成水土侵蚀和冲刷。植被的根系能与土层密切地结合，根系与根系的盘根错节，使地表层土壤形成不同深度的、牢固的稳定层，从而有效地稳定土层，固定沟坡，阻挡冲刷和塌陷，起到很好的防护作用。

在我国温暖多雨的南方地区，植物防护已较多地用于土质上下边坡的防护中，既保护了边坡，又美化了环境。在北方地区，植物防护措施还仅限于下边坡的防护，上边坡经常干旱缺水，不易养护，况且坡度较陡不利于植物生长。在西北黄土地区，黄土路堑边坡往往陡于1：0.75，边坡较高时才放缓到1：1。在河北，土质边坡坡度一般采用1：1，靠边坡自然降水维持植物生长往往比较困难，因坡面较陡，水分难以保持，植被成活率较低。

有不少绿化专家试图在北方较陡的上边坡搞公路的绿化防护，像辽宁的抚顺市就对东部山区公路的植物生态防护技术进行了课题研究，取得了较好效果，他们主要是以公路边坡坡面防护为切入点，针对不同的地域特点，利用植被涵水固土的原理稳定岩土边坡同时美化生态环境，根据不同土壤性质分别栽种火炬树、青杨等不同树种，采取既经济又适用和环保的生态植物坡面防护措施，以提高公路的整体减灾、抗灾能力，同时改善公路绿化效果。与传统土木硬防护相比，植物防护虽然材料及其强度不同，但在防护功能上却一点儿也不逊色，对于降低公路的养护成本、减低公路养护的资金压力有着重要意义，同时对于在全国范围进行推广也有广阔前景。另外有的采用三维土工网等措施，但没有在公路上大面积推广。因此，上边坡植物防护问题仍须进一步研究，给北方地区光秃秃的上边坡披上绿装。实践证明，对于路基冲刷和崩塌等病害，利用植物防护，通过选取不同的绿化树种、方案设计、特别地区路段的处理和栽植技术研究的应用，会对以上公路的边坡防护起到积极有益的保护作用。

植物防护包括在边坡上种草、植草皮、植树等。在河北，由于一般地区供挖取使用的草皮缺乏，所以，种草、植树更便利一些。种草一般选取多年生、耐寒、耐旱、根系发达的草种，植树优选容易成活的树种（包括灌木）。黑麦、小冠花均是耐寒、耐旱植物，黑麦、小冠花联合种植技术在北方较寒冷、干旱的一些地区获得了成功，较适用于北方地区的气候条件。黑麦生长快，当年就能长成，但其扎根较浅，适宜短期防护；小冠花生长慢，1年以后才能长成，但扎根较深，尤其耐旱，并且其蔓延繁殖能力强，适合于路基边坡的长期防护，二者结合起来就能达到短期防护与长期防护相结合的目的。

我们习惯上把公路沿线植树称为行道树，一般是指沿公路两侧带状用地范围内所栽植的乔灌木等植物的总称，是公路绿化系统的重要组成部分，具有促进交通安全、维护路基稳定、保护路域环境、改善公路景观等作用。应该说我国沿道路两侧栽种植物的历史十分悠久，近年来交通行业的发展特别是生态公路理念的提出对公路两侧绿化也提出了新的更高的要求，其重视程度也是逐年提高，科学发展及与环境和谐统一发展的新思路新理念也是深入人心，并得到充分的利用和体现。行道树的功能主要有以下几方面：向驾驶员及时预告公路线形的变化、有利行车安全，同时也具有防眩、防撞、缓冲事故车辆的效果，还有稳定路基，防止水土流失，丰富公路景观，改善行车环境，一定程度上消除司乘人员的视觉和旅途疲劳，吸收日光辐射，减少路面光的反射，使路面温度下降，延长公路的使用寿命，此外还可以种植一些经济作物，从而产生一定的经济收入等。然而在沿线种植植物的同时，传统的公路行道树也存在一些共性问题，主要有树种单调，千路一树，没有地域特色，地方优良树种得不到很好的应用，栽种的形式也非常单一，有的栽种不考虑当地的气候和土质条件，所栽种的树木难以成活，甚至部分不规范栽种。当树木长大的时候，大的枝干侵占路面或者挡住标志牌，十字路口因为树木过多导致视线不良等情况时有发生，带来了一定的交通安全隐患。此外有的公路两侧栽种树木没有系统考虑公路所处的环境，为了增加绿化的视觉效果，大量征用土地，将公路和周边的环境分隔开来，既浪费了大量的可用土地，也使整个公路景观协调性变差，公路内的过往车辆人员很难有效看到沿线美丽的风光和风土人情，一定程度上降低了公路的使用舒适度。如何解决此类问题，使得公路沿线的绿化也能遵循科学发展的理念，使道路真正意义上成为美丽的风景线，单就公路绿化而言现在也形成了一定的发展理念，值得我们注意。综合来说目前有以下4种理念：一是以人为本的理念，行道树的栽植不能仅考虑路的主体因素，而是充分体现人的因素，主要为公路沿线的居民和过往的司乘人员提供良好的公路绿化环境；二是尊重自然的理念，按照自然发展的规律办事，体现在公路植物的选择上就是充分考虑公路原有沿线的物种，这一点后面还将强调，将体现地方特色和乡土、适合当地生长的好的植物作为行道树的第一选择，比如在西北干旱的地区、南方水网地区、北方平原地区、热带地区、山区和丘陵地区的树木选择和种植的方式和方法都有所区别；三是最大化保护理念，不破坏就是最大的保护同样也适于行道树的发展理念，在公路建设过程中应充分保护原有的公路沿线植物，最大限度地利用原有植物，使其成为公路行道树的有机组成部分，达到事半功倍的效果；四是和谐统一的理念，在选择能够体现地方特色的行道树的基础上，科学合理地设计行道树的栽种方式成为决定一条公路绿化风格的重要环节。与传统的公路两侧栽种植物行道树不同的是新的绿化理念更多地强调公路绿化与公路线形和公路周边环境的和谐统一，在平原区可引入"景观走廊"的手法，隔一定距离可以取消行道树栽植，提供一定区域的观景区；在以自然景观为主的微丘和重丘区，可以结合用地情况和周围自然植物的分布生长情况，采用仿自然生长的效果方式进行种植，在树种的选择和搭配上都以自然植物群落为目标，从而形成和谐统一的公路行道树绿化带，并完全地融入自然环境之中。

公路植物防护简单地理解也可认为是一种公路绿化工程或者说是一个生态绿化系统，是交通环境的重要组成部分，当前我们国家公路建设中公路绿化往往是以种植乔木、灌木、藤本、花卉等植物为主要手段，其树种的选用非常重要，一般来说是根据公路的地理位置及植物的生态性、公路的功能要求、针对性、长远性、经济性的原则进行选择。就植物本身而言，它们在公路绿化中体现的效果也会不同，因此选用时要"适地而树、适树而树",所选树种间树形、色彩、线条、质地等方面要有一定差异,也要有一定的配合和联系,在统一中变化,在变化中统一,从而通过多样性、相似性,产生出自然协调、鲜明突出的感受。了解了树种的特点后,我们就要结合有关公路的实际情况合理选取树种,大致说来是要结合公路的地理位置及植物生态特性、公路的使用功能、公路的特点和经济性方面来选择树种。其选择应充分考虑到因地制宜、适地植树和自然生长环境特点以及长远规则等因素。种一片成一片,能够适应沿线环境并能很好地融入原有的生态体系中去,便于管理和养护,使之适应自然地成长。

公路边坡植物选择的依据,主要是气候条件和土壤条件。光照、气温、湿度、降水、风等气候条件都影响着边坡植物的生长发育,但是在选择边坡植物时主要应考虑的气候因素是气温和降水。最高气温和最低气温决定着植物能否正常生长发育,能否顺利越夏、越冬等;降雨(雪)的时期及雨量也是决定采用植物种类的重要依据。

我国公路边坡坡度一般都较大。由于边坡坡度较大,降水落于坡表后,极易由于重力的作用,沿坡面往下流失,造成坡体土壤缺水干旱,直接影响植物的正常生长发育,甚至导致植物的死亡,这一点在北方干旱地区的边坡上表现得尤为突出。

土壤成分、肥力、土壤结构、酸碱性、盐碱性、土壤厚度等土壤因素与植物的生长发育密切相关,从而决定着边坡植物能否良好地生长。其中,在选择植物时比较重要的因素是土壤肥力状况、土壤结构和土壤 pH 值酸碱度等。

公路在施工过程中,因开挖使地表植被完全遭到破坏,原有表土与植被之间的平衡关系失调,表土抗蚀能力减弱,在雨滴、重力和风蚀作用下水土极易流失,植物种子定植困难;公路边坡土壤一般为没有熟化的生土,养分含量一般很低。同时由于坡度大,土壤渗透性差等,边坡土壤对降水截流较小,造成水土和养分流失,使坡面土壤变得贫瘠,立地条件差,不利于植物生长;另外,公路边坡土壤有机质含量一般很少,结构不良,经过一定时期的沉降作用后,容重增加,孔隙度降低,不利于土壤中水分和空气的有效运移以及肥料的协调转移,从而对草坪植物正常生长产生不利影响。

公路边坡植被的主要目的是固土护坡,防止公路边坡水毁,稳定公路路基,以及美化公路沿线景观环境。因此,要求边坡植物根系深,能快速覆盖地表。

公路边坡植物应具备的条件:

植物品种选择应以本土化为原则,根据公路沿线的自然条件,合理确定物种配置方案。根据公路边坡的特点和边坡种植的目的,边坡生态防护的植物一般应满足以下要求:适应当地气候,抗旱性强;根系发达、扩展性强;耐瘠薄、耐粗放管理;种子丰富,发芽力强,容易更新;生长快,绿期长,多年生;育苗容易并能大量繁殖;播种栽植的时期较长;不会在当地恶性生长,造成生态危害;价格低,无须养护或便于养护;草灌花结合,点缀乔木。

绿化物种选择的原则：

顺利实现公路路域植被恢复，科学合理地利用植物。物种选择应遵循生态适宜性原则、生物多样性原则、经济适用性原则、交通安全性原则、道路美学性原则。达到空间绿化和三季常绿、四季有花的效果。护坡植物的选择首先要分析不同种类护坡植物，然后再讨论有关植物的选择，这对正确选取适合公路沿线植被是非常重要的。

公路边坡可用的植物种类较多，主要有草本植物、灌木、藤本植物，以及乔木等。目前我国的公路边坡一般坡度较大，坡比一般为 1:1，即 45°，有的甚至达到 60°以上，栽植乔木会提高坡面负载，增加土体下滑力和正滑力，在有风的情况下，树木把风力转变为地面的推力，造成坡面的不稳定和坡面的破坏；同时，边坡栽植乔木还可能影响司乘人员观测公路两侧景观的视野，因此一般不宜在公路边坡栽植乔木。

我国公路边坡生态防护用植物在多数情况下是采用草本植物，在国外草本植物也被广泛使用。草本植物的选择：可用于护坡的草本植物大部分属于禾本科和豆科。禾本科植物一般生长较快，根量大，护坡效果好，但需肥较多。而豆科植物苗期生长较慢，但由于可以固氮，故较耐瘠薄，耐粗放管理。其花色较鲜艳，开花期景观效果较好。根据各草种对季节性温度变化的适应性，可分为暖季型与冷季型 2 类。冷季型草比较耐寒，但耐热性和耐旱性较差。而暖季型草较耐热耐旱，但不耐寒，以地下茎或匍匐茎过冬，故冬季景观效果较差，但其管理较冷季型草粗放。草本植物的繁殖可采用营养繁殖，也可采用种子繁殖。

草本植物有以下优点：

①草本植物种植不仅方法简便，而且费用低廉。

②早期生长快，对防止初期的土壤侵蚀效果较好。

③作为生态系统恢复的起点，有利于初期表层土的形成。

但是，草本植物与灌木相比具有以下缺点：

①草本植物根系较浅，抗拉强度较小，固坡护坡效果较差。在持续的雨季里，高陡边坡有的会出现草皮层和基层剥落现象。

②群落易发生衰退，且衰退后二次植被困难。

③开发利用的痕迹长期难以改变，与自然景观不协调，改善周围环境的功能差。

④坡地生态系统恢复的进程难以持续进行，易成为藤本植物滋生的温床。

⑤需要采取持续性的管理措施等，维护和管理作业量大。因此，单纯的草本植物用于公路边坡的绿化并不理想。

由于草本植物作为护坡植物有以上缺点，因此，在某些发达国家已开始重视灌木的护坡作用，并做了大量研究。灌木的选择：日本对灌木护坡进行了大量研究，且在边坡防护中得到了大量的应用。我国目前在边坡生态防护中使用的灌木较少，目前已使用的灌木主要有紫穗槐、柠条、沙棘、胡枝子、红柳和坡柳等。灌木的种植可以采用扦插的方式，也可采用播种的方式。灌木宜和草本植物混合种植，以充分发挥两者的优势，又避免两者的弊端，达到快速持久护坡的效果，同时具有良好的景观效果。灌木作为护坡植物主要的缺点是成本较高，早期生长慢，植被覆盖度低，对早期的土壤侵蚀防止效果不佳。但是可以通过与草本植物混播，草本植物早期迅速覆盖地面防止土壤侵蚀，后期由灌木发挥作用的方式解决。

当草本植物和灌木采用种子混合播种时有时会遭到失败，主要原因是草本植物生长比较快，在草本植物生长茂盛的状况下，会引起以下几种后果：

①灌木的幼苗被草本植物所覆盖，其后由于光线不足而死掉。

②有些灌木在其幼苗期对于枯萎病的抵抗力很差，在过分潮湿状态下会因菌害而致枯死。

③由于土壤含氮过多引起枯萎病菌为害致死。

④在草本植物的根部和灌木的根部处于同一土层时，由于彼此进行竞争，所以灌木会枯死。

对于以上情况可采取限制草本植物株数和采用含氮量少的肥料类型限制草本植物生长的方法加以控制解决，通常情况下草本植物株数应控制在 $200\sim500$ 株/m^2 范围内。

藤本植物主要应用于坚硬岩石边坡或土石混合边坡的垂直绿化，垂直绿化是公路边坡生态防护的特殊形式。藤本植物的选择：目前，我国的垂直绿化主要应用于城市园林中，公路边坡采用垂直绿化的还较少。藤本植物宜栽植在靠山一侧裸露岩石下一般不易坍方或滑坡的地段，或者坡度较缓的土石边坡。可用于公路边坡垂直绿化的藤本植物主要包括爬山虎、五叶地锦、蛇葡萄、三裂叶蛇葡萄、藤叶蛇葡萄、东北蛇葡萄、地锦、葛藤、扶芳藤、常春藤和中华常春藤等。藤本植物主要采用扦插的方式进行繁殖，用藤本植物进行垂直绿化的好处是投资少，用地少，美化效果好，缺点是由于边坡一般较长，藤本植物完全覆盖坡面的时间长。

（二）公路边坡的工程防护

公路边坡对公路路基的稳定性非常重要，一旦遇到边坡破坏，对公路的损害和影响非常之大，甚至导致公路交通中断，影响行车安全，公路边坡破坏的主要形式与机理有以下几种。

1. 公路下边坡

路基下边坡一般为填土路堤。受力稳定的路堤边坡的破坏，主要表现为边坡坡面及坡脚的冲刷。坡面冲刷主要来自大气降水对边坡的直接冲刷和坡面径流的冲刷，使路基边坡沿坡面流水方向形成冲沟，冲沟不断发展导致路基发生破坏；沿河路堤及修筑在河滩上、滞洪区内的路堤，还要受到洪水的威胁，这种威胁表现为冲毁路堤坡脚导致边坡破坏。

边坡破坏还与路基填料的性质、路基边坡高度、路基压实度有关系。一般来说，砂性土边坡较黏性土边坡易于遭受冲刷而破坏，较高的路基边坡较较低的路基边坡更容易遭受坡面流水冲刷，压实度较好的边坡，比压实度较低的边坡耐冲刷。

2. 公路上边坡

上边坡是人工开挖的斜坡，其强度应满足稳定边坡的要求，这样的稳定边坡在降雨、融雪、冻胀及其他形式的风化等作用下，容易发生病害，其主要破坏形式为冲刷、崩坍等。

冲刷破坏一般发生于较缓的土质边坡，如砂性土边坡、亚黏土边坡、黄土边坡等，在大气降水的作用下，沿坡面径流方向形成许多小冲沟，如不采取任何防护措施，有逐年扩大的趋势；在边坡坡脚，冬季往往发生积雪，造成坡脚湿软，强度降低，上部土体失去支撑，发生破坏；同时，高速行驶的汽车溅起的雨雪水，也冲刷坡脚。总之，土质边坡的坡脚部位，是边坡的最薄弱环节。

边坡的崩坍，一般分为3类：落石型、滑坡型、流动形，有时在一次崩坍中会同时具有这3种形式。

落石型崩坍一般指较陡的岩石边坡，易产生落石的岩层必然是节理、层理或断层影响下裂隙发育，被大小不一的裂面分割成软弱的断块，这些裂面宽而平滑，有方向性。落石和岩石滑动易沿陡的裂面发生。裂隙张开的程度用肉眼不一定就能识别，但能渗水，由于反复冻融，长时间的微小移动，裂缝逐渐扩大，由于降雨，裂缝中充满水，产生侧向静水压力作用，造成崩坍。一般裂隙发育岩体，更易发生落石现象，此外硬岩下卧软弱层时，也会发生这种现象。此类破坏形式必须严格控制，崩坍滚落的岩石极易对行车构成威胁。

滑坡型崩坍，指岩层在外力作用下剪断，沿层间软岩发生顺层滑动，多发生于倾向于路基、层间有软弱夹层的岩体中。另外，当基岩上伏岩屑层、岩堆等松散的堆积物时，堆积物也易沿岩层的层理面、节理面或断层面发生崩坍。

流动型崩坍多是大雨的原因，砂、岩屑、页岩风化土等松散沉积土，多会受水的影响而产生崩坍，流动型崩坍没有明显的剪切滑动面。

很显然，边坡高度大时，以上边坡破坏的类型都较低边坡容易发生。

由上面的分析可知在边坡的防护设计中，既要做好坡面防护设计、排水防水设计、控制好水的问题，又要根据地质条件、岩体性质、岩层产状、边坡高度做好边坡坡面设计。

公路边坡主要有以下几种工程防护措施：

(1) 框格防护

框格防护是用混凝土、浆砌块（片）石等材料，在边坡上形成骨架，能有效地防止路基边坡在坡面水冲刷下形成冲沟，同时，提高了边坡表面地表粗度系数，减缓了水流速度。一般冲刷仅限于框格内局部范围，采用框格防护与种草防护结合起来的方法，提高了防护效果，同时美化了环境。

框格防护多用于路基下边坡，是一种辅助性的防护措施，除具有对路基边坡的一定防护作用外，还有对路容的美化效果，尤其在互通立交范围内边坡应用最多，近年来人们越来越重视公路对环境的影响，重视路容美化，因此往往采用这种防护形式。

框格形状可根据人们的想象及人们对美的追求，做出各式各样的造型，如斜45°大框格，六角形混凝土预制块防护，浆砌片石拱形防护，浆砌片石或预制块做成的麦穗形等。框格防护措施同时可用于土质上边坡防护，既增加美的效果，还可防止边坡出现冲刷，但由于框格须在上边坡中嵌槽镶进，施工难度大，仅在重要景点使用，一般较少采用。

(2) 护坡

在稳定的边坡上铺砌（浆砌或干砌）片石、块石或混凝土预制块等材料以防止地表径流或坡面水流对边坡的冲刷称之为护坡。铺砌方式一般采用浆砌，冲刷轻微时，可采用干砌。

位于河滩或滞洪区内的路基，往往处于洪水的直接威胁之下，因此，必须采用护坡防护措施，防护高度应至少在路基设计洪水位加浪高、壅水高及 0.5 m 安全值以上。另外当路基沿溪，路基边坡侵占河道时，也要采取护坡防护措施。

在软土地基上的路堤护坡，无水流冲刷影响时，可采用干砌片石护坡，以适应地基沉降引起的路堤边坡变形。

(3) 封面

封面包括抹面、捶面、喷浆、喷射混凝土等防护形式。

①抹面防护与捶面防护。抹面防护、捶面防护由于使用年限较短，各等级公路上使用较少，尤其在高速公路的边坡上尚未采用过这样的防护措施。不过当路基较低时采用抹面防护合理掺加草籽，既能起到建设初期的防护作用，又能起到运营期的防护与绿化作用，在今后的建设中可做尝试。

②喷浆防护与喷射混凝土防护。喷浆防护和喷射混凝土防护适用于边坡易风化、裂隙和节理发育、坡面不平整的岩石边坡，其主要作用是封闭边坡岩石裂隙，阻止大气降水及坡面流水侵入，从而阻止裂隙中侧向水压和冰裂，防止边坡岩石继续风化，保护边坡不发生落石崩坍。

在公路上广泛采用的封面防护措施是喷射混凝土，该防护要求在混凝土内设置菱形金属网或高强度聚合物土工格栅，并通过锚杆或锚固墩固定于边坡上，这主要是为防止混凝土硬化收缩产生裂缝或剥落。该方法在河北石太高速公路及山西太旧高速公路上用于处理裂隙发育岩石边坡，效果很好，尤其是河北用于处理蚀变安山岩边坡，非常成功，处理后落石崩坍不再发生。但在某段坡体采用喷射混凝土防护，亦产生了剥落现象。该岩体为全风化石灰岩，新喷射混凝土与之结合不好，接触不均匀，局部强度很低，加之喷射混凝土未加设金属网或土工格栅，整体性不好，从而在内部与外界双重因素作用下，产生局部剥落。

由此，在施工喷射混凝土防护前，坡面不应有风化碎渣、风化土层，全风化岩石不宜采用喷射混凝土防护措施，为防止喷射混凝土硬化收缩产生裂缝或剥落，加设防裂金属网或高强聚合物土工格栅是必要的。当岩体具有沿倾向路面的岩层顺层滑动的潜在危险时还应采取加抗剪锚杆的锚固措施。

(3) 护面墙

为了覆盖各种软质岩层和较破碎岩石的挖方边坡以及坡面易受侵蚀的土质边坡，使其免受大气影响而修建的墙，称为护面墙。

护面墙多用于易风化的云母片岩、绿泥片岩、泥质灰岩、千枚岩及其他风化严重的软质岩层和较破碎的岩石地段，以防止继续风化。可以有效地防止边坡冲刷，防止滑动型、流动型及落石型边坡崩坍，是上边坡最常见的一种防护形式。

护面墙除自重外，不担负其他荷载，亦不承受墙后土压力，因此，护面墙所防护的挖方边坡坡度应符合极限稳定边坡的要求。护面墙有实体护面墙、孔窗式护面墙、拱式护面墙等。实体护面墙用于一般土质及破碎岩石边坡；孔窗式护面墙用于坡度缓于 1：0.75 的边坡，孔窗内可捶面（坡面干燥时）或干砌片石；拱式护面墙用于边坡下部岩层较完整而需要防护上部边坡者，用护面墙防护的挖方边坡不宜陡于 1：0.5。

为增强护面墙的稳定性，在护面墙较高时应分级砌筑，视断面上基岩的好坏，每 6～10 m 高作为一级，并在墙顶设 2 m 的平台；墙背每 4～6 m 高设一耳墙，耳墙宽 0.5～1 m。

护面墙顶部应用原土夯实或铺砌，以免边坡水流冲刷，渗入墙后引起破坏。修筑护面墙前，对所防护的边坡应清除松动岩石、松散土层。对风化迅速地岩层如云母岩、绿泥片岩等边坡，清挖出新鲜岩面后，应立即修筑护面墙。

在我国山区高等级公路的防护设施中，护面墙是上边坡采用较多的防护形式，而且多是实体护面墙，一般根据边坡的高度、岩石的风化程度及岩土的工程地质特性采取半防护或全防护措施。在半防护措施中，有时采用坡脚护面墙，这是由于路堑的开挖，改变了空气的流向，在路堑内形成旋转气流，雨雪天气，该气流携带着雨雪对坡脚的冲刷破坏能力最大，同时汽车高速行驶溅起的雨雪水也直接冲刷坡脚；自然降水自坡顶沿坡面向下流，流至坡脚时，速度最大，冲刷最严重，因此，在坡脚处设置矮墙是最起码的防护措施。从另一方面讲，在坡脚设置护面墙还起到诱导行车视线的作用。对于土质边坡，技术、经济条件允许时，还可以搞绿化，种植一些藤本植物，美化环境。

做好公路的排水和防护设计。近年来，公路排水问题已成为公路建设中环保要求的主要制约因素，通常会因为水造成公路两边的破坏，进而影响到公路沿线的环境变化，作为公路的重要附属设施排水系统非常重要，其类型的选择应从安全、视觉效果及周围环境协调角度综合考虑，重点为做好路基排水、路面排水及中央分隔带排水，同时兼顾边坡防护工程的应用，使得公路的排水系统和排水工程防护有机地结合统一起来，防护工程的应用，确保了路基的稳定，减少了水土流失，直接起到了保护环境的效果，同时通过适当的绿化处理，改善了排水系统的环境状况。

总之，搞好公路建设，确保公路边坡稳定、安全，搞好环境保护是非常重要的，如何才能做到以上这些，这就要求我们在平时的公路边坡治理中要深入了解公路边坡破坏的形式与机理，并结合不同情况按照相关要求，加强分析和梳理，找准针对不同工程对象的土质、水文、气候等特点，灵活采用不同的防护形式，加强设计理念的更新和适应，加强施工建设管理，建安全之路、生态之路、优美之路。

五、公路"安全示范保障工程"的应用

坚持以人为本，树立全面、协调、可持续的发展观，对新时期公路交通工作提出了更高、更新的要求。公路行车安全与否事关人民群众的生命财产安全，事关人民群众安居乐业。加强和完善公路防护设施，保障人民群众生命财产安全，是实现好、维护好、发展好最广大人民群众的根本利益的实际行动。

针对不同的路线特点，考虑交通事故类型，因地制宜地确定技术方案是安保工程的关键环节，只有提升设计思想与理念，才能将安保工程做得实用、具有特色。

安保工程的设计思想与理念是：安全、经济、环保、有效。

这个理念体现着"经济上可能、技术上可行、方案上有效"的思想，即必须从实际出发，注重环境保护，因地制宜，采用合理的技术措施，达到"主动引导、突出重点、适度防护"的目的。

安全是一个复杂的问题，交通事故是由人、车、路、环境等多方面因素不协调而产生的。安全保障的工作应在没有发生事故前进行主动的安全引导；在发生事故后进行被动的安全防护，最大限度地保证道路使用者的生命与财产安全。

主动安全引导。通过（禁止、警告、指示）标志、标线、线形诱导标、轮廓标、主动降速设施的合理运用，提前将相关道路交通信息告知道路使用者，使其安全通过危险路段。部分地段可采用提高道路表面的摩擦系数、弯道处适当设置超高等方法提高道路的安

全性。公路安全保障工程是在不同地理、地质和气候条件下，针对不同道路安全隐患实施的，具有较大的差异性，因而深入调查研究、注重工程质量是关键要素。

确定技术方案时，应在全面分析交通安全隐患的基础上，合理确定技术方案，注重环境保护和综合处治措施，充分考虑部分地区生态环境的脆弱性。重视现场调研和科学分析，采用主动与被动安全措施相结合的综合性方法，达到"安全、经济、环保、有效"的目的。由于安保工程实施的内容非常广泛，其采取的相应措施也很多，集中起来主要有：交通标志、交通标线、视线诱导设施、减速设施、安全护栏、其他综合措施等，其中安全护栏的选择和应用与公路生态环保的联系非常紧密。

护栏形式的选择。应针对每条公路的具体情况，充分比较各种护栏的性能，分析行驶安全感、压迫感、视线诱导、瞭望的舒适性，并考虑与公路周围环境的协调，结合经济性、施工条件及养护维修等因素，在综合分析的基础上确定。

波形梁护栏刚柔相兼，具有较强的吸收碰撞能量的能力，具有较好的视线诱导功能，能与道路线形相协调，外形美观，损坏处容易更换。较混凝土护栏具有一定的通透性，可用于美观性要求较高的一般路段和沙漠、积雪地区。

混凝土护栏防止车辆越出路（桥）外的效果好。由于混凝土护栏几乎不变形，因而维修费用很低。但当车辆与护栏的碰撞角度较大时，对车辆和乘员的伤害大。可用于山区急弯路段外侧、路侧为深沟、陡崖，车辆冲出将导致严重伤亡事故的部分路段。

缆索护栏属柔性结构，车辆碰撞时缆索在弹性范围内工作，可以重复使用。缆索护栏立柱间距比较灵活，受不均匀沉陷的影响较小。积雪地区缆索护栏对扫雪的障碍少，但缆索护栏施工复杂，端部立柱损坏修理困难，不适合在小半径曲线路段使用。缆索护栏视线诱导性较差，架设长度短时不经济。风景区公路采用缆索护栏较为美观。

考虑到山岭重丘区的施工、材料运输、维修便利，可采用经验证的其他形式的护栏，如钢管护栏、木制抗冲撞护栏、石砌护栏等。

六、公路地质防治工程的应用

自然界内外动力的地质作用所产生的环境地质灾害，如地震、崩塌、滑坡、泥石流等，虽然是自然原因引起的，但它们与公路工程活动是相互联系、相互影响、相互制约的，而且直接影响公路的运营环境。从形式来看地质原因造成对公路的损害主要有：一是自然灾害，比如因为泥石流和水毁期间的影响导致路基不稳定而造成的公路路基被冲毁、路基上下塌方等都是自然原因产生的公路灾害，这一类的灾害就本身而言，其公路沿线的边坡和护坡本身结构就很脆弱，一旦遇到其他外因的影响，地质结构会发生相应变化，加上内部的自然力作用，于是就会发生一系列公路灾害，影响公路的通行，这一点在山区公路特别是有地质灾害隐患路段极为常见。对此可以通过实施地质灾害防治工程对公路沿线环境进行有效治理，并采取相应的处理措施，交通运输部已经在着手建立干线公路地质灾害防治相关方面的工作和方案，目前正处于探索和试验阶段，从目前所实施的路段情况看，其理论应用大都来源于生态技术和相应的观点，并且获得较为明显的成效，通过实施相应的防治后，路段的环境得到了很大改观，路段的抗灾害能力大大提高，这也充分说明了生态技术和理论在公路灾害防治中的应用是有着重要的地位和作用，也对今后这样的路段提供了很多技术经验和借鉴。二是人为灾害，人为灾害显然是人的原因造成的，是因为在公路建设项目中，没有采用正确的方法和措施，公路建设过程中产生的地质变化，比如对地块的结构进行开挖，像公路的纵断面和横断面开挖，公路的降坡，路线的改线，软土路基的填筑等，这方面施工的原因导致地质结构发生相应的变化，破坏了原有的地质结构，在某些作用力的影响下，导致地质灾害的发生，影响了公路的沿线环境，甚至可以产生生态性的破坏。对于这一类的灾害，要求建设单位和设计单位在进行工程可行性研究前后对公路线形的选择要高度重视，同时对公路沿线的地质情况要进行深入了解走访，掌握第一手资料，便于为下步设计做好充分准备，在设计中尽量不破坏原有的地质结构体系，从而在以后的工程施工中尽可能做到最小限度地破坏原有环境。当然对实在不能避免的公路沿线的地质灾害路段，要求施工单位和建设单位在公路建设的同时充分考虑到地质灾害可能产生的后果，提前准备并采取相应处治措施，保证不因地质而发生公路灾害，同时在后期施工中加强对公路生态的恢复。

七、公路交通噪声的治理

公路噪声的来源很多，有施工过程中机械工作的声音，也有车辆运行时发出的声音，同时也有车辆轮胎与公路路面接触摩擦所产生的声音，等等。此类声音的产生对周边群众和行人及过往车辆都有很大影响。因此，在公路建设设计时可以考虑采用声屏障、加强路面的平整度、改善车辆性能等一系列措施减少各类噪声产生的途径和分散声音传播路径。尽量减少这种声音源的产生，通过各种措施减小因公路建设、运营带来的噪声污染，避免影响到沿线和周边群众的生活，这也是生态公路建设的要求，同时也是路域生态公路恢复研究的重要课题之一，不能简单地把公路生态研究作为生态景观学的延伸和发展，因为还要考虑到美学、生物学、设计和环境保护的方方面面，对此就公路噪声的防治也显得十分重要。在施工期间对居民点较多的地点应合理安排施工场地、时间和运料通道，降低声音的影响，加强对路面的质量进行把关和控制，选用较好的路面材料减少公路施工和今后运营期产生的噪声，对于公路附近的居民处根据路线情况修建声屏障，其高度和长度根据影响居民区的范围而定。根据公路沿线的风貌和自然环境，还要结合当地的风土人情，所以就选择材料和形式而言，也要充分考虑生态环境的因素，借助声学的原理，科学合理地设计声屏障的建立和设置的问题。总的来说就是要通过一系列的技术处理和相应的声音减噪措施，进一步美化和改善公路沿线的人居环境，为人们提供文明、健康、有序的生活作息环境，同时这也符合建立生态文明和构建和谐社会的要求。

第四节 基于生态保障的施工网络编制与优化

要用生态经济学的理论指导进行生态经济建设和管理，首先要认识生态经济学的3个最基本理论范畴及其作用。一是生态经济系统，它是经济活动的载体；二是生态经济平衡，它是经济发展的动力；三是生态经济效益，它是经济活动的目的。取得生态经济效益是人们经济活动的出发点和落脚点。按照生态经济原则，结合高速公路建设的特点，特别是在草原、沙地、农田地区建设高速公路的特点，对公路进行科学规划和合理建设，尽可能地减少对脆弱的生态环境的破坏。以下结合科尔沁草原道路建设中的特殊问题，按照有利于生态经济系统的物质流、能量流、信息流、人流和价值流合理高效运转的原则，运用系统工程的方法，进行系统设计、配套施工。要做到这一点，就需要与各个部门，如地方政府、环保部门、农业部门、林业部门、水利部门、施工单位等多家单位之间相互协调，树立生态经济建设综合管理的意识，在科尔沁道路的规划建设中尽量做到同步规划、同步投资、同步建设和同步管理，让道路建设与生态环境保护协调进行。

由于工程条件复杂，要想用一套完备的施工网络图将整条线路的施工情况贯穿起来，就必须掌握实际工程情况，有计划分步骤地进行，将不同施工单位所采取的不同施工方法有机地汇总起来，进行群体网络图编制，并使之贯穿施工过程的始终，不仅对当前施工项目予以合理的指导，还要为今后的施工提供宝贵经验。

一、考虑生态影响的施工网络编制

（一）公路施工网络计划技术基本原理

网络图是由箭头和节点组成的，用来表示工作流程的有向、有序的网状图形。常见的网络图分为单代号网络图和双代号网络图2种。在网络图上加注工作的时间参数而编成的进度计划，称为网络计划。用网络计划对任务的工作进度进行安排和控制，以保证实现预定目标的科学管理技术，即称为网络计划技术。

在工程项目施工计划管理中，可以将网络计划技术的基本原理归纳为以下几点：

①把一项工程的全部建造过程分解为若干项工作，并按其开展顺序和相互制约、相互

依赖的关系,绘制出网络图。

②进行时间参数计算,找出关键工作关键线路。

③利用最优化原理,改进初始方案,寻找最优网络计划方案。

④在网络计划执行过程中,进行有效监督与控制,以最少的消耗,获得最佳的经济效果。

(二) 公路施工网络计划技术的优点

①可以把整个工程项目生产过程的各个环节有机地组织起来,并指明其中的关键所在,从而可使各级管理者和管理人员既能统筹安排,考虑全局,又能抓住关键,合理协调资源,实行重点管理。

②可反映整个生产过程各项工序(活动)之间的相互制约和相互依赖的关系。

③可以进行各种时间计算,能在工序繁多、错综复杂的计划中找出影响工程进度的关键工序,便于管理人员集中精力抓施工中的主要矛盾,确保按期竣工,避免盲目抢工。

④能够通过网络计划中反映出来的各工序的总时差(机动时间)和局部时差,更好地运用和调配人力与设备,节约人力与物力,达到降低成本和加快进度的目的。

⑤在计划的执行过程中,当某一工序因故提前或推迟完成时,能够预见到它对工程的影响程度,便于及早采取措施以充分利用有利的条件或有效地消除不利因素,保证自始至终对计划进行有效的控制与监督。

⑥能够设计出许多可行方案,并从中选出最佳方案。

(三) 考虑生态影响的网络计划编制程序

网络计划技术在计划管理中起着举足轻重的作用,其应用的程序为以下内容:

1. 准备阶段

(1) 确定网络计划目标

时间目标;时间—资源目标;时间—成本目标;生态目标。

(2) 调查研究的内容

主要包括:项目有关的工作任务、实施条件、设计数据资料;有关定额、规程、标准、制度等;资源需求和供求情况;制订生态环境保护和恢复措施。对地质不良地段采取的处理措施,对水土流失、环境影响的处理措施;施工方法、料场分布、运输方式、道路条件是否符合实际情况和环境保护要求;珍贵动植物和其具体的保护措施;有关经验、统计资料和历史资料;其他有关技术经济资料。

(3) 工作方案设计

在计划目标已确定并做了调查研究的基础上，就可进行工作方案的设计，其主要内容包括：确定施工顺序；确定施工方法；选择须用的机械设备；确定重要的技术政策和组织原则；对施工中的关键问题的技术和组织措施的制订；确定采用网络图的类型。

在进行工作方案设计时，应遵循以下几项基本要求：尽可能减少步骤，在工序分析基础上，寻求最佳程序；工艺应达到技术要求，并保证质量和安全；尽量采取先进技术和先进经验；组织管理分工合理、职责明确，充分调动全员积极性；有利于提高劳动生产率，缩短工期，降低成本和提高经济效益。在公路建设中融入景观生态学的理念，采用生态保护和恢复技术，实现对生态环境最低程度的破坏和最大可能的恢复。

2. 绘制网络图

①项目分解。

②逻辑关系分析。

③绘制网络图。

3. 时间参数计算

按照网络计划的类型不同，根据相应的方法，即可计算出所绘网络图的各项时间参数，并确定出关键线路。

4. 编制可行网络计划

在确定好时间参数和关键线路后，需要将网络图转化为可行的网络计划表。网络计划表包含了所有活动的详细信息，如工程名称、前置工程、后继工程、施工持续时间、最早开始时间、最晚开始时间、最早完成时间、最晚完成时间等。

5. 网络计划优化

网络计划优化旨在缩短整个项目的总工期、减少成本、提高资源利用率等。常用的网络计划优化方法包括资源优化、时间优化和成本优化等。

6. 网络计划的实施

网络计划的实施是指按照网络计划表中的计划进行实际工作的过程。在实施过程中需要及时更新网络计划表，对计划进行调整和优化，以保证项目能够按时、按质量、按成本完成。同时需要注意风险管理，及时应对项目中出现的各种风险和变化。

7. 网络计划的总结分析

为了不断积累经验，提高计划管理水平，应在网络计划完成后，及时进行总结分析，并应形成制度。通常总结分析的内容包括：

①各项目的完成情况，包括时间目标、资源目标、成本目标、生态目标等的完成情况。

②计划工作中的问题及原因分析。

③计划工作中的经验总结分析。

④提高计划工作水平的措施总结等。

二、全路段施工的特点

要将全线工程协调起来，必须把它作为一个整体看待，其施工计划必须优化编制、统筹安排，使工程不仅能够按时交付使用，同时在建设过程中顾及生态环境的保护。因此，首先应了解全线工程的特点。归纳起来，全线工程施工有以下几个特点：

（一）工程项目多

在全线工程中不仅涉及道路、桥梁、隧道，而且在其中还有贯穿全线的防护设施以及附属设施等。因为不同的工程施工需要不同的工艺流程，因此，要注意到不同施工任务之间的衔接以及大型机械的流水组织。

（二）整体性强

全线工程的项目虽然很多，但是它们都不是孤立的，彼此之间都有紧密的联系。路与桥的衔接、隧道与道路的连接等都是相互联系、相互影响的。因此，要考虑到它们的相互配合，协调施工。

（三）施工周期长

高速公路穿越草原，而且沿途部分地区有风积沙，是目前国内地形、地貌及地质较复杂、工程较艰巨的公路建设项目之一。工程的难度以及地理环境的特殊性要求对施工计划按系统和分阶段进行统筹安排，对网络计划编制进行优化，并对全线工程的施工进行优化规划。

（四）施工单位多

承包商之间应积极配合业主的综合统筹，发挥计划协调作用。

对于优化的全线施工网络计划应能够适应工程项目多，整体性强，施工周期长和施工单位多的主要特点。优化编制工作应从整体观点出发，以全线施工总工期为前提，结合各合同段所在地段的特殊生态环境，进行全面分析，统一筹划安排。即使在局部有所损失的情况下也应服从总体需要，使全线工程达到理想的要求。

三、群体网络概述

对于时空跨越大、并有多家单位分头同时同地在特殊的生态环境中实施的大型工程项目，要想运用通常的网络计划技术进行管理比较困难。比如在同一时刻存在不止一个需要分头实施的网络计划，它们之间可能会发生冲突等，因此，需要考虑运用群体网络计划技术对全线工程进行协调，反复协商和优化。从表达形式上来看，群体网络技术与常规的网络计划技术的母子网络形式相似，但实质上是不同的。

群体网络技术是属于运筹学范畴，它以网络计划理论为基础，同时吸收其他新兴的科学技术和理论体系，通过运用群决策理论和方法，综合谈判协商理论。群体网络在形式上是一群利益彼此独立的网络组合，各网络间的冲突和协商是方案优化的基本内容。群体网络计划中的冲突主要表现在以下几个方面：

①群体网络中的各个网络在时间、空间、资源占用等方面相互之间都有紧密的联系，存在相互影响、相互受益之间的矛盾。

②群体网络中的各个网络由于存在各自的利益，同时考虑全线特殊的生态环境要求，为了自己的最佳目标，在工序的安排上面会更多地顾及独立的网络计划进程而影响全局的优化问题，因此可能出现的变化的范围很大。

③从全局来看，群体网络在全线工程中所做的协商工作是整体与局部之间的优化协调。要使全局达到最优，同时要使得局部的网络计划满意，这样得到的结果往往有可能使得原有的施工网络计划显得不可行，协商又回到了最初。

④群体网络中局部网络的目标与准则应以全局的优化方案为先，又因为局部的网络计划目标影响到全局，使得群体网络优化总目标无法实现时，局部网络必须改变自己的目标和准则并适当做出牺牲。

四、全路段施工网络优化编制的原则

全路段的施工，由于工程项目不同，地理环境复杂，承包商多等因素造成要从总体到局部做到最优的协作配合较为困难。同时因为在施工过程中环境对施工的影响以及施工的环境的反影响都十分显著，且牵扯的范围广泛，在施工过程中情况也经常变化，组织与管理工作十分复杂。因此，要想将全路段的施工统一起来，在保证进度要求的基础上，将工程项目与环境和谐地融合起来，必须进行全面的统筹安排，使得局部的施工网络计划与整体规划环环相扣，不论从整体上还是局部上都将对环境的保护与施工紧密结合起来。也就是，在优先考虑环境的前提下，采取大统筹与小统筹相结合，建设项目的总体网络计划与各合同段的分项网络计划相结合。总体网络计划起调控作用，控制总工期与环境保护工作之间的协调。通过综合各家施工单位的施工网络计划汇总，编制能够起到调控作用的群体网络图，并结合生态环境要求进行资源、进度、费用的优化，然后再用到各合同段指导实际分项工程的施工，达到动态管理、动态优化的目的。

五、全线施工网络编制

运用群体网络技术对存在诸多限制的高速公路工程进行施工进度计划的精确编制和优化。高速公路工程是一项十分复杂的系统工程，不但要求施工中各个环节的配合，而且由于特殊的自然条件，也需要各个合同段之间的积极配合，此外，各种技术因素和自然条件均对工程施工的工期和经济效果有影响。只有综合考虑各种因素，使人、财、物在空间上和时间上充分优化配合，才能够正确组织施工。

通常群体网络图的编制分为四级，各级编制根据管理的角度不一而制订，它们分别如下：

一级网络为项目的群体施工网络图，编制的内容主要是从整体出发，考虑全线的特殊生态环境，便于协调各施工单位之间的施工工序，将全线施工对环境的影响降到最低，它属于控制性网络。

二级网络为各合同段内的工程网络图，主要由负责该合同段施工建设的单位根据自身的实际情况编制完成的网络进度图，属于指导性的网络，可以帮助施工单位在施工过程中调整和配合整体工程项目目标中使用。

三级网络图，该级网络图的编制主要针对的是单位工程或是专项工程项目，或是单位工程的分层、分段之间的施工安排等。它是现场施工人员借以安排施工和组织资源进场的计划安排，属于现场实施性网络计划。

四级网络图，既是细部工程网络图，是对较大工程的细分，如桥梁的基础施工，路基施工等，整个工程包括细部工程的施工网络计划图都在一张网络图上绘制，这种网络计划图达到了最细的程度。帮助工地直接安排人员施工，并帮助现场管理人员检查评价各个工序的完成情况，可借以作为下达下一任务计划的依据。

根据高速公路的建设规模和建设特点、管理机制和参加施工单位的多少，将该项目的群体网络图的编制分为三级编制。将二、三级网络图合并按三级的要求。然后通过将各合同段所属施工单位编制的实施性网络计划图汇总，并优化形成群体控制性网络计划图再反过来指导细部工程施工。

六、施工网络优化

现阶段的施工网络优化仅仅是从施工实际出发，以工程投资效益为立足点的施工网络优化，但是目前，随着可持续发展战略的提出，在大力发展经济建设的同时应做好对生态环境保护的要求已经深入各行各业，基础设施建设也不例外。所以，要对施工网络优化就不能简单地从原有的工期、资源、成本 3 个方向去考虑，而应该同时结合生态环境保护这一目标来同时优化施工方案。即要从工期最短、资源用量最优、成本最低和生态破坏最小这 4 个原则来考虑施工网络的编制优化。

传统的网络计划优化主要是以 3 大目标的优化为目的，即在既定的条件下，对初步拟订的网络计划方案，利用时差不断调整和改善，使之达到工期最短、成本最低、资源最优的目的。但目前，要做一个能反映全面的数学模型比较困难，所以通常是在不同的限定条件下，使网络计划达到最优，即根据具体的条件进行单项指标的优化。

通常一个工程项目，施工是以网络计划图为计划指导的。但是一个初始的网络计划，可能会出现工期不符合合同规定、资源供应不均、费用消耗过大，并同时造成对生态环境较大破坏的情况。因此，施工网络计划优化的总目标主要为了综合考虑多方因素，协调它们之间的关系，尽可能地避免上述现象的发生。

（一）落实到各个单项，施工网络计划优化的目标

①施工工期短。
②资源消耗合理。
③施工费用低。
④对生态破坏小。

在研究阶段，主要讨论了采用多目标决策技术对施工网络图进行优化的方法。首先建立了关于工期、资源和费用的多目标模型。在通过对多目标模型计算得到的 n 个非劣施工方案的基础上采用模糊多目标决策进行优选，选出满意的施工方案。

（二）建立关于工期、费用和资源的多目标模型步骤

根据已编制的初始网络图，求出各工序的时间参数，确定关键线路。

根据网络计划的工期—费用模型计算步骤，对网络在一定工期下的直接费用和间接费用进行计算，在满足工期压缩条件下不断压缩工期，直到工期不可压缩为止，从而得到一系列工期及相应的总费用。

在以上得到的有限个工期和费用的组合下，根据网络计划的资源均衡模型计算各个组合下的资源均衡系数。

由此可以得到有限个不同工期、费用和资源均衡系数组合的施工方案。

七、群体网络图优化

对优化协调后的全线群体网络图校对其施工期能否满足总工期的要求，然后结合全线特殊的生态环境对群体网络图进行资源优化、进度优化和费用优化。

通过由局部到整体，最后形成的群体网络图可以在全局范围内进行资源、进度和费用的优化。比如说综合协调弃土场、施工便道的设置，而不是将每个合同段独立考虑。这样既有利于减少对生态环境的扰动，同时也能够减少资源的浪费。

（一）资源优化

通常提到的资源优化是指施工中所涉及的劳动力、材料以及施工机具设备等资源。对于高速公路，资源还涉及工程建设的载体——草原，这一特殊的生态环境资源在施工过程中取和舍之间的优化。

（二）进度优化

进度计划就是时间的优化，时间优化的前提条件就是资源有限，在对全线的群体资源优化后，对比施工工期与要求的总工期是否协调一致，然后进行工程进度的优化，如通过缩短关键工作的持续时间来对时间进行优化。

（三）费用优化

费用优化就是我们通常说的成本优化，就是在工期限定的前提条件下，将施工费用降到最低。因为在一项施工中，如果要加快速度，通常都需要增加劳动力、材料供应和机械设备等，而这些必会引起成本的增加。

由上面3个优化可以看出它们之间是相互影响、相互制约的。时间优化是以资源有限、工期最短为条件的，成本优化条件是工期限定，而资源优化是以工期最短为前提的，所以，在最初形成的群体网络计划基础上，应根据不同的优化目标，通过不断地调整网络计划的时间参数，寻找出最优的网络计划方案，并根据工程的实际进度，对工程施工计划进行动态优化和管理。

第七章 绿色公路建设理念与施工

第一节 绿色公路建设理念

绿色公路作为绿色交通的重要组成部分,在生态文明建设得到高度重视,资源节约、环境友好要求进一步提高的新形势下,以全面实施绿色公路建设作为推进绿色交通发展的切入点,有利于进一步转变公路发展方式,推进绿色公路创建、实施公路廊道绿化行动、开展公路路域生态修复等任务,打造交通行业生态文明建设的亮丽名片。

实施绿色公路建设是公路行业不断提升发展理念的具体行动。在"六个坚持、六个树立"的理念基础上,绿色公路建设更加注重统筹公路建设全过程,更加注重公路与环境、社会多系统的统筹协调,更加注重管理的质量和效率,更加注重需求引领下公路的服务提升,目标明确,内容丰富,任务和措施体现了时代性、针对性和引领性。

一、指导思想

深入贯彻新时代中国特色社会主义思想,紧紧围绕统筹推进"五位一体"总体布局和协调推进"四个全面"战略布局,坚持人与自然和谐共生的基本方略,牢固树立社会主义生态文明观,践行"绿水青山就是金山银山"的理念,以交通强国战略为统领,以深化供给侧结构性改革为主线,促进公路发展转型升级,建设以质量优良为前提,以资源节约、生态环保、节能高效、服务提升为主要特征的绿色公路,实现公路建设健康可持续发展。

二、基本原则

(一)坚持可持续发展

高度重视公路、环境、社会各方面、各要素的关系,提高资源和能源利用率,发挥公路先导性和基础性作用,实现在发展中保护、在保护中发展。

(二)坚持统筹协调

统筹公路规划、设计、建设、运营、管理、服务全过程,强调均衡协调,突出建、管、养、运并重,降低全生命周期成本。

(三)坚持创新驱动

大力推动理念创新、技术创新、管理创新和制度创新,强化创新的驱动与支撑作用,为公路建设注入强大动力。

(四)坚持因地制宜

准确把握区域环境和工程特点,明确项目定位,确定突破方向,开展有特色、有亮点、有品位的工程设计,因地制宜建设绿色公路。

三、总体思路

绿色公路是指按照系统论和周期成本思想,以工程质量、安全、耐久、服务为根本,坚持"两个统筹",把握"四大要素",以理念提升、创新引领、示范带动、制度完善为途径,实现公路建设外部约束与内在供给之间的均衡和协调,推动公路建设发展的转型升级。其主要特征表现为其核心内容可归结为"两个统筹"和"四大要素"。深刻把握绿色公路基本内涵是推进绿色公路建设的根本与关键,具体实施过程中,应做好以下几方面的工作。

(一)坚持"两个统筹"

一方面要坚持统筹公路资源利用、能源耗消耗用、污染排放、生态影响、运行效率、功能服务之间的关系,寻求公路、环境、社会等方面的系统平衡与协调;另一方面要坚持统筹公路规划、设计、建设、运营、管理、服务全过程,以最少的资源占用、能源耗用、污染排放、环境影响,获得最优的工程质量和运输服务,实现外部刚性约束与公路内在供给之间的均衡和协调。

(二)把握"四大要素"

在绿色公路建设过程中,坚持以质量优度、安全耐久为根本前提的同时,重点在"资源节约、生态环保、节能高效、服务提升"四方面实现突破,以控制资源占用、减少能源消耗、降低污染排放、保护生态环境、拓展公路功能、提升服务水平为主要特征和具体抓手,全面提升公路工程建设水平。

四、主要工作

立足绿色公路理念,明确了绿色公路建设的工作方向。在绿色公路建设中,应结合工程实际情况,并围绕以下内容开展工作。

(一) 落实五项主要任务

1. 统筹资源利用,实现集约节约

绿色公路建设要以统筹资源利用、集约节约资源、降低能源耗用为重点。从规划设计、施工组织及运营维护等多个方面进行统筹考虑,遵循以规划为主、治理为辅的建设原则,在整个公路建设过程中融入节约资源、降低能耗的绿色理念。

2. 加强生态保护,注重自然和谐

尊重自然、保护自然、恢复自然是绿色公路建设的重要目标。绿色公路建设要坚持生态优先、和谐发展的指导方针,强化设计、施工、运营、养护等各阶段的生态环境保护,实现最大限度的保护、最低程度的影响破坏、最强力度的自然恢复,实现公路与生态、社会的健康协调、可持续发展。

3. 着眼周期成本,强化建养并重

绿色公路建设要坚持全生命周期思想,对规划设计、建设施工和运营养护管理等全过程各环节进行统筹考虑和系统管理,最终实现公路质量和效益的双赢目标。

4. 实施创新驱动,实现科学高效

大力推进理念创新、技术创新、管理创新和制度创新。通过建立系统完整的节能减排创新体系及智慧交通创新体系,强化科技创新引领作用,为绿色公路发展注入强大动力;以信息化技术为依托,实现管理效能、服务载体和服务水平的全面提升,支撑多元化的交通出行需求。

5. 完善标准规范,推动示范引领

在总结、继承已有成果及经验的基础上,做好相关标准规范的修订,研究出台适应不同地区绿色公路建设的技术指南,完善相应的评价标准指标。打造公路建设新亮点,提出创建绿色公路示范工程,积极探索和总结经验,充分发挥示范作用,以点带面,推动绿色公路快速发展。

(二)开展五大专项行动

1. 通过土方合理调配,着力实现"零弃方、少借方"

公路工程路基填挖方是直接影响土地占用及环境保护的关键因素。实行"零弃方"要求,核心思想是要变废为宝,将传统做法中的弃土加以保存和利用。合理控制路基填挖,统筹土方调配,有效减少填挖方及取、弃土场设置,进一步节约土地资源,保护沿线植被与自然环境,实现公路与环境景观协调。在设计及施工过程中,要高度重视环保设计,灵活运用技术指标,做好高填路堤与桥梁、深挖路堑与隧道的方案比选,做好横断面和纵断面设计,基本实现填挖平衡,最大限度地避免高填深挖,降低对环境的影响。

2. 实施改扩建工程绿色升级

公路升级改造及改扩建工程设计时,合理利用原有通道资源,是践行资源节约、节能高效理念的体现。在公路升级改造及改扩建过程中,要大力推广既有工程材料再生和循环利用技术,加强改扩建工程的资源节约与循环利用效率。根据检测评价结果,开展原有桥梁、交通工程等设施构件再利用工作。同时,对原有公路的植被还要加以利用,做到统筹规划,合理利用移栽,避免浪费。

3. 积极应用建筑信息模型(building information modeling,BIM)新技术

BIM作为新一代设计理念和技术,已逐步在公路行业推广应用。当前,应进一步探索将BIM技术应用于公路建设项目的规划、设计、施工和运营维护等全生命周期内过程,拓展BIM技术在高精度虚拟项目空间场景、模拟设计选线和结构物选型、实施精细化质量管理、远程实时监控、模拟重点工程的施工组织设计、可视化分析控制工程进度,以及管理信息公开透明等方面的应用,加速推动公路工程建设全方位的技术创新与管理创新。

4. 推进绿色服务区建设

在绿色服务区建设的设计过程中,应加强服务区建筑节能设计,推进建筑保温、清洁能源、再生能源、节能通风与自然采光等技术应用。全面推进落实服务区污水处理和利用,推广水循环利用技术,实现中水合理利用。积极推广服务区废弃物再利用技术,实现垃圾分类收集和无害化处理。开展新建服务区生态环保专项设计,落实废气、污水等污染物达标排放。

5. 拓展公路旅游功能

公路已成为个性化出行旅游业发展的重要保障和依托,并逐渐成为一种新型旅游产品

受到越来越多旅行者的青睐。新的出行方式需要打通公路拓展未来旅游市场产品化运营的路径，实现公路与旅游的融合。要加强公路功能设计，拓展公路的服务与旅游功能，带动沿线旅游经济发展，促进产业转型升级和绿色经济发展。结合公众出行需求，鼓励在路侧空间富余路段设置完善的公路旅游服务设施，打造慢行系统。

第二节　绿色施工

一、一般规定

绿色施工是可持续发展理念在工程施工中的重要体现，它是以环保优先为原则，以资源的高效利用为核心，以"现场施工工厂化、工序作业机械化、过程管理信息化、绿色施工常态化"为手段，以确保施工现场安全质量长期稳定受控为目标。

①通过施工组织设计，落实"零弃方、少借方"等要求，实现最小的占地、最大的节约。

②按工地标准化、施工标准化、管理标准化等方面要求，开展施工标准化工作，重点开展"三集中、两准入"工作，即混凝土集中拌和、钢筋集中加工、构件集中预制，材料进场准入、大型模板进场准入。

③施工组织设计应增加绿色施工章节或专项绿色施工方案，包括节地、节能、节水、节材和环境保护的措施内容以及施工环境污染应急预案；并定期进行绿色施工评价，制订改进措施。

④合理组织施工，通过合理安排施工时序，"先挖后填""先桥后隧"，促进土石方、表土及隧道洞渣等资源的协同配置。

⑤公路改扩建工程交通组织设计和分流方案的制订，应按照"尽量减少对原路及区域路网交通干扰"的原则，制订行之有效的综合性交通保障方案。

二、资源节约

统筹利用施工期间的土地、设备、燃料、材料和水等资源，采取统筹安排、永临结合、集中制作等措施，有效提高各类资源利用效率，实现资源节约的目的。

（一）统筹施工

结合施工中的场地条件，统筹路、桥、隧的施工安排和工序衔接，实现施工安排总体最优布置。如：为充分利用隧道弃渣填筑路基，可将隧道开挖作为关键工序提前安排；为减少临时便道的修筑,可先贯通半幅隧道作为施工运输便道;为降低隧道施工难度和临时工程数量,可先修桥梁、后修隧道,或采取隧道单头掘进施工。

(二) 永临结合

根据现场环境、施工进度、材料供应、气候特点等进行规划,重点是在施工便道、施工用地、临时用房和施工用电等方面开展永临结合工作,并实施动态管理。

1. 施工便道

①施工便道与其他工程结合。便道尽量修筑在主线征地范围内,有效利用土地,减少重复建设,充分考虑施工便道的土建标段公用、一期二期工程共用。②便道与已有道路结合。利用当地已有道路作为施工便道,秉持"不降低原有功能"的原则,对施工重载车辆造成的损坏要及时修复;对当地道路不满足施工要求的,根据工程需要进行改造。③便道与地方公路规划结合。结合地方路网规划和农村公路建设计划,积极与地方政府合作,将施工便道在工程完成后用作地方道路,节约资源的同时促进地方发展。

2. 临时用地

施工临时用地应优先兼顾利用公路路基、互通式立交、服务区、停车场、养护站沿线设施等永久用地,二期路面工程临时设施宜优先兼顾利用一期土建工程取弃土场等临时用地,将拌和站、预制场、施工驻地、苗圃等施工临时用地建设在公路主线或取弃土场范围内。

3. 临时用房

①租用当地厂房、学校、居民房屋作为施工驻地;②建设驻地用房,工程完工后移交给当地政府或村委会使用。

4. 临时用电

①与地方电力部门合作建设施工电网,施工结束后转为当地居民使用;②施工电网与服务区、隧道机电等设施的永久用电合并建设。

(三) 表土收集和利用

①施工过程中坚持对表层腐殖土进行收集,采用施工设备对主线、互通区、分离立交路基基地表土进行剥离。

②收集的表土直接堆放于互通立交、服务区等利用位置,或在红线范围内开辟临时表土堆放场,并同步完善排水设施,设置临时拦挡。

③施工后期将表土用于中央分隔带、互通立交区、沿线附属区、边坡的绿化或施工临时用地的复耕,最大限度地保留和利用本地肥沃土壤,减少外购腐殖土。

(四) 综合节约措施

1. 节约用水

①施工现场用水应统一规划，在水源处应设置明显的节约用水标志，施工现场工程、生活用水使用节水型器具；②施工中采用先进的节水施工工艺，现场绿化灌溉采用喷灌、微灌、低压管灌等节水灌溉措施，现场抑尘措施宜采用节水型器材等。

2. 节约材料

①施工中应优先选用绿色、环保和可再生材料；②合理利用废弃材料及施工余料，提高废料利用率；③临建设施宜采用工厂预制、现场装配的可拆卸、可循环使用的构件和材料；④施工中搭建专用材料棚库用于存放水泥、沥青、细沙石料等筑路材料，减少物料损耗并防止其造成环境污染；⑤将施工中产生的生物废料，例如伐木、树根等有机材料作为坡面绿化植生基材或作为边坡防护材料进行利用。将废弃的水泥混凝土面板切割后，用于挡墙等圬工砌筑。

三、环境保护

(一) 原生植被保护

从原生植被保护、特色植被景观保护两方面入手，开展就地保护与迁移保护方案比选；综合应用草皮剥离堆放技术、草皮回铺利用技术等，加强精细化施工作业，实现对自然植被最小限度的扰动与最大限度的恢复。

(二) 水环境保护

针对水体保护，重点开展涉水桥梁环保施工，强化施工废水循环利用，加强施工场地雨洪管理，实现生活营地污水处理达标，最大限度降低公路施工对水环境的影响。

1. 涉水桥梁桩基环保施工

优化施工方案，宜在枯水期及非鱼类繁殖季施工；采用环保的施工法，施工泥浆循环使用，钻渣采用泥浆船驳运至岸上指定地点处置；涉水桥墩桩基施工周围宜设置围油栏，防范施工机械跑冒滴漏所形成的油污染。

2. 施工废水循环利用

对于易燃易爆、有毒有害物储存场所，做好防雨、防渗设施设计；料场周边的收集沟渠与沉淀池联合布设；隧道排水、施工废水经沉淀等处理满足要求后用于洒水降尘；含油污水收集并交由有资质单位专业处理。

3. 生活营地污水处理

优先利用村镇现有排水及卫生设施进行污水收集及处理；设置改良型化粪池、小型生化处理装置等污水收集处理装置。

（三）水土保持

针对区域水土流失的防治特点，重点落实施工过程扰动土体防风蚀水蚀覆盖、弃土场填方路基先拦后弃（填）、裸露坡面实时防护及早恢复等措施。

1. 临时苫盖

对不能及时防护的裸露路基、取弃土场、施工便道等坡面，灵活应用土工布、塑料膜、撒播草籽等手段降低风蚀与水蚀。

2. 临时拦挡

对填方边坡、弃土场、表土堆外侧等采用装土生态袋、土质挡坎、树桩等临时拦挡，先拦后填（弃），减少水土流失。

3. 临时排水

将边坡及其他场地临时排水工程与永久排水设施结合，建设各种土质、石质等排水沟防止降雨冲刷。

4. 实时防护

对边坡实施开挖分级防护、尽早防护。

（四）扬尘控制

①施工单位应根据空气重污染预警响应级别启动应急预案，减少或停止污染物排放的施工作业；大风天气时，避免进行土方开挖、土方运输、土方回填、拆除等作业。

②施工便道采取硬化措施，加大洒水和清扫道路频次；加强施工运输车辆扬尘污染的管理，防止抛撒。

③拆除工程施工现场要及时喷淋洒水，拆除工程完成后，建筑垃圾要及时清运。

④施工料场堆放的水泥、粉煤灰、灰土、砂石等易产生扬尘的细颗粒建筑材料要合理存放，使用过程中要采取有效的防尘措施。

⑤长期存放或超过1 d以上临时存放的土堆要用防尘网进行覆盖，或采取绿化、固化等措施存放。

（五）噪声污染控制

施工过程中应优先使用低噪声、低振动的施工机具，施工场地的强噪声设备宜设置在远离居民区的一侧，对强噪声设备应采取封闭等降噪措施。

①综合应用敏感目标防护、爆破控振降噪、机械工艺降噪等手段，控制施工噪声和振动的影响幅度与时段。

②对于敏感水域陆域动物分布区的强振动作业，采用低影响的驱离方式，减少爆破振动对动物的影响。

③采用定向爆破、化学静音爆破、预裂爆破、微差起爆等低振动爆破工艺；改进爆破技术，设置缓冲垫层，合理选择爆破器材，合理安排起爆次序、间隔时间等技术措施。

④设置隔音围挡等临时声屏障措施。

四、节能减排

重点减少固体废弃物，使用清洁能源，采用低能耗施工工艺及高能效机械设备，实现公路建设过程的低能耗、低排放。

（一）施工场地垃圾处理

对施工场地垃圾（固废）本着减量化、资源化、无害化原则，从固废收集与处理 2 个方面减轻环境影响，保持清洁、清爽、清净的环境。

（二）清洁能源利用与节能排放

①沥青拌和楼采用液化天然气取代重油、柴油等作为燃料。

②降低机械设备的能源消耗，设定施工机械能耗准入门槛，设定施工机械尾气排放的要求。

（三）施工能耗统计监测

推广合同能源管理，推进建设与运营期能耗在线监测管理，对公路土建、路面、房建、机电、配电、消防、照明、绿化、交安各专项工程实施全过程的施工能耗监测。

五、信息化管理

以信息化系统为平台，积极运用视频监控技术、PDA 现场数据采集技术、无线通信与数据传输技术、身份识别与定位技术、检测数据加密技术、无损检测技术等控制施工安全与质量保障。在公路施工中引入信息化管理体系，实现动态科学化管理。

参考文献

[1] 罗春德，尹雪云，李文兴. 公路桥梁工程施工技术与养护管理［M］. 长春：吉林科学技术出版社，2022.

[2] 刘荣桂，延永东. 绿色公路品质工程施工关键技术研究与示范［M］. 镇江：江苏大学出版社，2022.

[3] 王晶，姜琴，李双祥. 路桥工程建设与公路施工管理［M］. 汕头：汕头大学出版社，2022.

[4] 王毅，马学元，王桂珍. 公路工程管理与实务研究［M］. 长春：吉林科学技术出版社，2022.

[5] 乔翔，刘庆元，刘小飞. 公路路堑边坡建设管理与技术［M］. 北京：人民交通出版社，2022.

[6] 周爱成，马运朝. 公路养护与管理［M］. 重庆：重庆大学出版社，2022.

[7] 王晓方，张伟，杨林，等. 山区高速公路地下立交建设与运营关键技术［M］. 成都：西南交通大学出版社，2022.

[8] 王常青，陈万春. 公路常规结构桥梁维修加固改造技术指南［M］. 北京：人民交通出版社，2022.

[9] 陈春玲，刘明，李冬子. 公路工程建设与路桥隧道施工管理［M］. 汕头：汕头大学出版社，2021.

[10] 卢永成，黄虹，吴东升，等. 现代桥梁技术丛书·桥梁预制拼装技术［M］. 北京：人民交通出版社，2021.

[11] 董吉福，朱峰. 公路养护与维修［M］. 北京：人民交通出版社，2021.

[12] 李燕鹰，张爱梅，钱晓明. 公路桥梁工程施工与养护技术［M］. 长春：吉林科学技术出版社，2021.

[13] 方勇. 高速公路改扩建工程安全技术与实践［M］. 北京：人民交通出版社，2021.

[14] 袁观富，雷欢，朱红明，等. 公路工程对长输管道损伤风险控制技术［M］. 北京：气象出版社，2021.

[15] 刘新. 公路工程跨越油气长输管道安全防护技术研究［M］. 北京：人民交通出版社，2021.

[16] 马涛，黄晓明. 路基路面工程［M］. 南京：东南大学出版社，2020.

[17] 王修山. 道路与桥梁工程概论［M］. 北京：机械工业出版社，2020.

［18］艾建杰，罗清波. 公路工程施工技术［M］. 重庆：重庆大学出版社，2020.

［19］关凤林，薛峰，黄启富. 公路桥梁与隧道工程［M］. 长春：吉林科学技术出版社，2019.

［20］李燕. 公路勘测设计［M］. 北京：北京理工大学出版社，2019.

［21］赵金云. 公路工程检测技术［M］. 第2版. 北京：北京理工大学出版社，2018.

［22］公晋芳. 公路工程施工技术［M］. 长春：吉林教育出版社，2018.